通常の学級でやさしい学び支援

改訂 読み書きが苦手な子どもへの〈漢字〉支援ワーク

令和6年度版 教科書対応

光村図書 3年

◇ **読めた！書けた！**漢字って簡単でおもしろい！

◇ 漢字の特徴をとらえた**新しいアプローチ！**

◇ **教科書**の新出漢字が楽しく学習できる**ワークプリント集**

竹田契一 監修　村井敏宏・中尾和人 著

明治図書

はじめに

平成十九年から全国の小中学校で一斉に開始された特別支援教育。それは、子どもたち一人ひとりがどこでつまずいているのかをしっかり把握し、その子の学び方に応じて支援をしていくという新しい教育プログラムのスタートでした。中でも読み書きが苦手な子どもたちへどのように支援していくかが大きな課題でもありました。

しかし発達障害が背景にある読み書きが苦手な子どもの場合、単なるケアレスミス、うっかりミスで出来ないのではなく、聴く力では音韻認識の弱さ、見る力では視空間処理の弱さなど大脳機能が関係する中枢神経系の発育のアンバランスが原因であることが多いのが特徴です。この場合、「ゆっくり、繰り返し教える」という学校、家庭で使われている一般的な方法では、その効果に限界がみられます。

この〈漢字〉支援ワークは新しい教科書に合わせた内容になっており、しかも教室で教わる順番に漢字学習ができるようにセットされています。またこのワークは著者の村井敏宏、中尾和人両先生方のことばの教室での長年の経験を通して子どもたちの認知特性に合わせた貴重な指導プログラムの集大成となっています。左記のような「つまずき特性」を持った子どもに対してスモールステップで丁寧に教える〈漢字〉支援のワークシートとなっています。ぜひご活用ください。

1．読みが苦手で、読みから漢字を思い出しにくい。
2．形を捉える力が弱く、漢字の形をバランス良く書けない。
3．「視機能、見る力」が弱く、漢字の細かな形が捉えられない。
4．多動性・衝動性があるため、漢字をゆっくり丁寧に書くことが苦手。
5．不注意のために、漢字を正確に覚えられず、形が少し違う漢字を書いてしまう。

漢字が苦手な子どもは、繰り返し書いて練習するだけでは覚えていけません。一人ひとりの特性に応じた練習方法があります。〈漢字〉支援ワークを使ってつまずきに応じた練習をすることにより、自分の弱点の「気づき」につながり、「やる気」を促します。

読み書きが苦手な子どもが最後に「やった、できた」という達成感を得ることが出来ることを願っています。

監修者　竹田契一

もくじ

1　かくれたパーツをさがせ　60
2　かん字足し算　74
3　足りないのはどこ（形をよく見て）　85
4　かん字を入れよう　92

3学期（教科書　光村図書3年・下94～135ページ）　103

帳代曲投炭羊宿丁宮院礼等反君乗庭研究打受島
追実神箱湯他身

1　かくれたパーツをさがせ　104
2　かん字足し算　109
3　足りないのはどこ（形をよく見て）　113
4　かん字を入れよう　116

答え　121

＊本書の構成は、光村図書出版株式会社の教科書を参考にしています。
＊教材プリントは、自由にコピーして教室でお使いください。
＊学習者に応じて**A4サイズに拡大**して使用することをおすすめします。

ワークシートの使い方

この本には、『通常の学級でやさしい学び支援3、4巻　読み書きが苦手な子どもへの〈漢字〉支援ワーク』に掲載されている4種類のワークについて、3年生の教科書で教わる200字の漢字すべてを収録しています。

1　かくれたパーツをさがせ

字の一部が隠された漢字を見て、正しい部首やパーツを書き入れるワークです。

「『打つ』は手で持って打つから『てへん』」というように、部首の意味にも注目して書いていけるように支援してください。思い出しにくい場合には、8ページの「漢字パーツ」表を拡大して見せて、いくつかの中から選ばせることも有効な支援です。

下の文章には、問題の漢字だけでなく、既習の漢字も書き入れるワークになっています。

2　かん字足し算

2〜4個の部首やパーツを組み合わせてできる漢字を考えさせるワークです。

部首やパーツの数が多くなると、その配置もいろいろな組み合わせが出てきます。部首やパーツは筆順通りに並んでいるので、書くときのヒントにしてください。わかりにくい場合には、□を点線で区切って配置のヒントを出してあげてください（左図）。

配置のヒント例

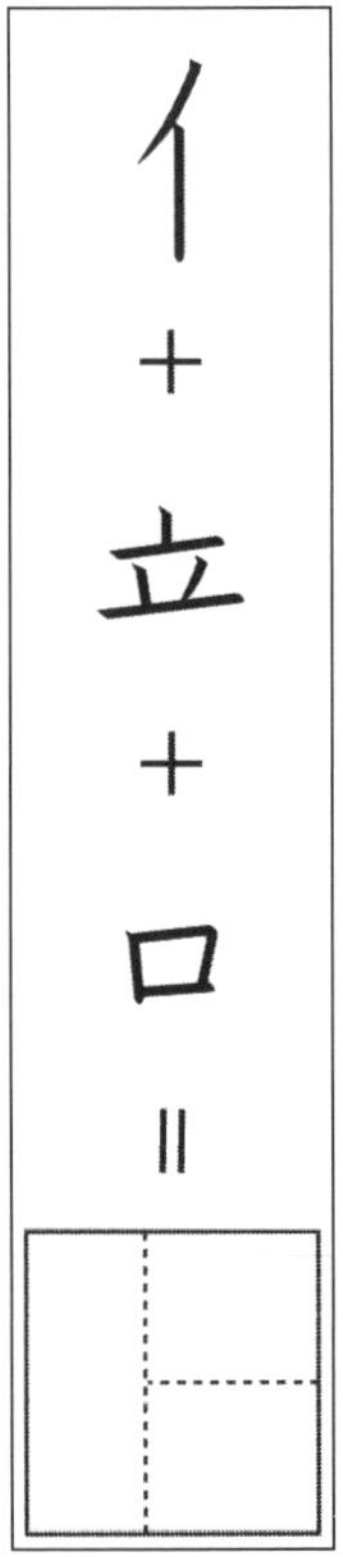

漢字を書いた後に、「『にんべん』の横に『立つ』『口』で『ばい』」のように式と答えを唱えさせるとよいでしょう。

3 足りないのはどこ（形をよく見て）

部分的に消えている熟語の足りない部分を見つけて、正しく書いていくワークです。（一部、熟語ではないものも含まれています。）

熟語の漢字の両方に足りない部分があります。線の数や細かい部分にも注意させてください。読みの苦手な子どもには、自分で書いた熟語だけを見せて、読みの練習もさせるとよいでしょう。

子どもによっては知らない熟語も含まれています。子どもに意味を説明させたり、どんな風に使われるかの例を示してあげることも語いを増やしていくことにつながります。

熟語として漢字を覚えていくことは、読解の力をつけるとともに、生活に活きることばの学習につながります。

4 かん字を入れよう

文を読み、文脈から漢字を推測して書いていくワークです。

漢字の読み方は文章の流れで決まってきます。そのため、文章を読む力が漢字の読みの力につながってきます。

ワークの左端には、□に入る漢字をヒントとして載せています。はじめはヒントの部分を折って、見ないで書かせましょう。また、漢字が苦手な子にはヒントを見せて選んで書く練習をするなど、子どものつまずきに合わせて使い分けてください。

漢字パーツ　3年生

冫	にすい
彳	ぎょうにんべん
扌	てへん
巾	はばへん
牛	うしへん
方	かたへん
礻	しめすへん
月	にくづき
火	ひへん
石	いしへん
禾	のぎへん
矢	やへん
⻊	あしへん
車	くるまへん
金	かねへん
食	しょくへん
馬	うまへん
刂	りっとう
阝	おおざと
己	おのれ
寸	すん
欠	あくび
斤	おのづくり
戸	と
文	のぶん・ぼくにょう
酉	ひよみのとり
隹	ふるとり
頁	おおがい
宀	うかんむり
耂	おいかんむり
爫	つめかんむり
穴	あなかんむり
癶	はつがしら
匚	かくしがまえ・はこがまえ
尸	しかばね
广	まだれ
疒	やまいだれ
辶	しんにょう
走	そうにょう

1 学期

月　日

どきん／春風をたどって①

かくれたパーツをさがせ　1

名前

かくれたパーツをさがして、かんせいさせよう。

① □寺《シ》　□《し》を□《よ》む。

② □葉《は》　□《あか》や□《きいろ》の□《は》。

③ □白《シュウ》　□《もじ》の□《がくしゅう》。

④ □目《き(る)》　□《うわぎ》を□《き》る。

⑤ □豆《トウ》　□《げんき》に□《とうこう》する。

⑥ □勿《もの》　□《うみ》の□《さかな》の□《ものがたり》。

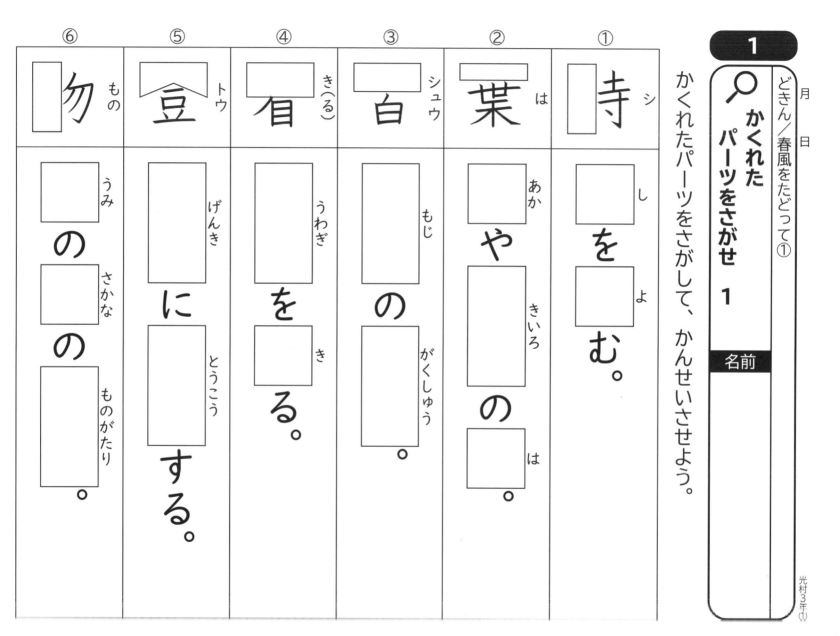

月　日

春風をたどって②

かくれたパーツをさがせ　2

名前

かくれたパーツをさがして、かんせいさせよう。

①
□寺　も(つ)

□《きも》ちを□《かんが》える。

②
□衣　リョ

□《なつ》の□《りょこう》。

③
□台　はじ(める)

□《ある》き□《はじ》める。

④
辶□　すす(む)

□《すこ》し□《まえ》へ□《すす》む。

⑤
重□　うご(く)

□《おお》きな□《くるま》が□《うご》く。

⑥
□罙　ふか(める)

□《かんが》えを□《ふか》める。

光村3年①

かくれたパーツをさがせ　3

春風をたどって③／としょかんたんていだん／国語辞典をつかおう①

月　　日

名前

かくれたパーツをさがして、かんせいさせよう。

① □羕（ヨウ）
□《うま》の□《ようす》を□《み》る。

② □囬（メン）
お□《めん》を□《つく》る。

③ □官（カン）
□《としょかん》の□《かんちょう》。

④ □丂（ゴウ）
□《なが》い□《でんわ》□《ばんごう》。

⑤ □周（しら(べる)）
□《か》き□《かた》を□《しら》べる。

⑥ □吏（つか(う)）
□《ゆみや》を□《つか》う。

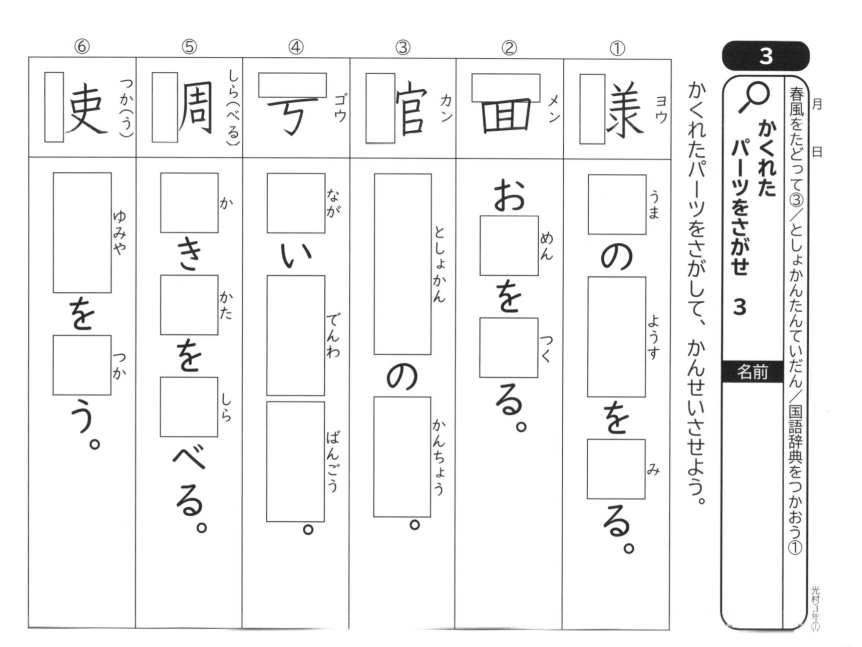

4 かくれたパーツをさがせ 4

名前

かくれたパーツをさがして、かんせいさせよう。

①
問《と(い)》
□《と》いに□《こた》える。

②
音《イ》
□《かみ》を□《ようい》する。

③
味《ミ》
□《みかた》の□《にんずう》。

④
胡《みずうみ》
□《みずうみ》を□《ふね》で□《い》く。

⑤
𦰩《カン》
□《かんじ》を□《か》く。

⑥
十《ユウ》
□《じゆう》に□《え》をかく。

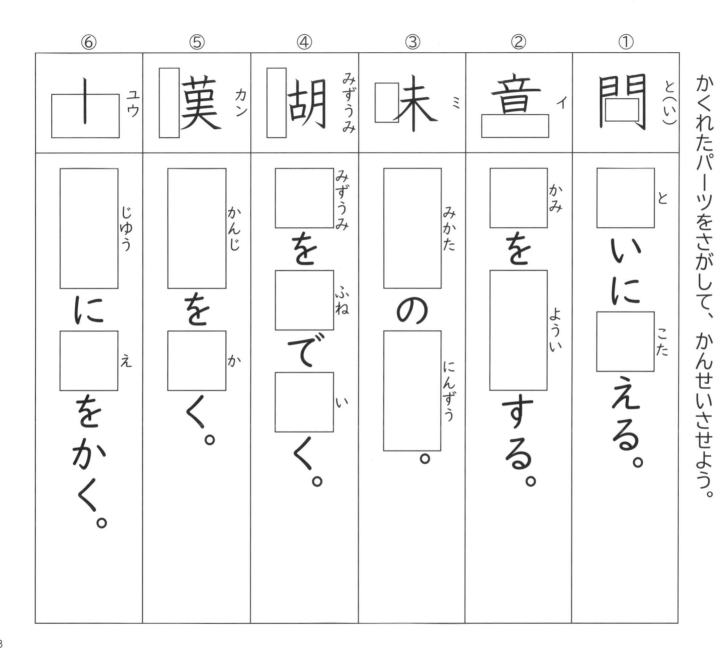

5

国語辞典を使おう③

月　日

かくれたパーツをさがせ　5

名前

かくれたパーツをさがして、かんせいさせよう。

①

あたた(かい)

□《あたた》かい□《た》べ□《もの》。

②
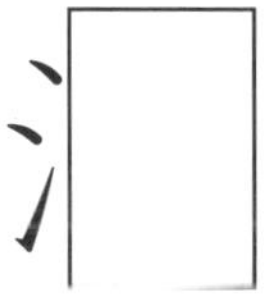
さけ

□《こめ》から□《さけ》を□《つく》る。

③

ダイ

□《あたら》しい□《ほん》の□《だいめい》。

④

ハツ

□《でんしゃ》が□《はっしゃ》する。

⑤

ショウ

□《ぶんしょう》を□《か》く。

⑥

たい(ら)

□《みち》を□《たい》らにする。

光村3年①

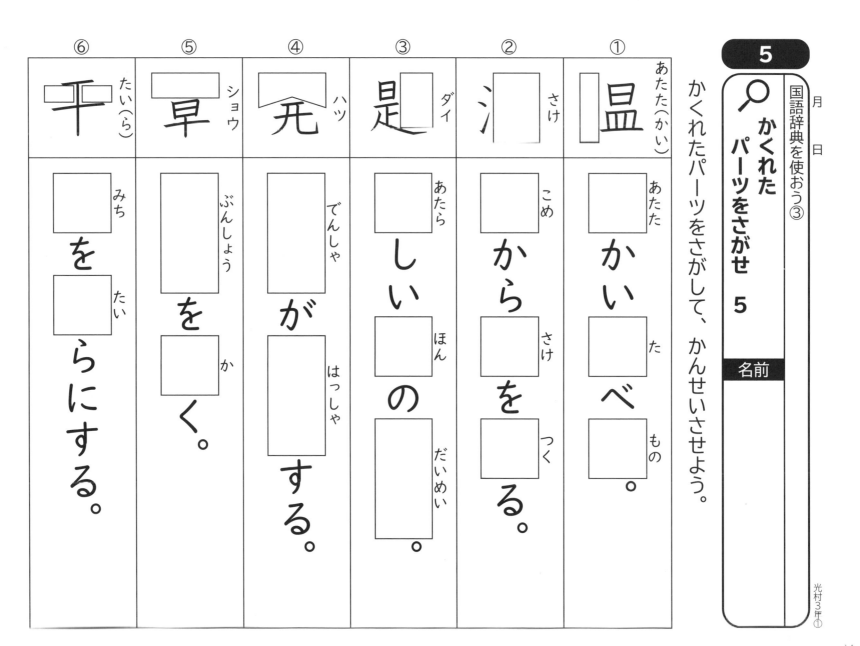

6

かくれたパーツをさがせ 6

もっと知りたい、友だちのこと

月　日

名前

かくれたパーツをさがして、かんせいさせよう。

①	②	③	④	⑤	⑥
□央《き(める)》	事《こと》	□洛《お(とす)》	木□《あい》	□羊《ヨウ》	□𠬝《フク》
□《い》き□《さき》を□《き》める。	□《できごと》を□《はな》す。	□《かわ》に□《いし》を□《お》とす。	□《あいて》の□《はなし》を□《き》く。	□《とうよう》の□《くに》。	□《あか》い□《いろ》の□《ふく》。

光村3年①

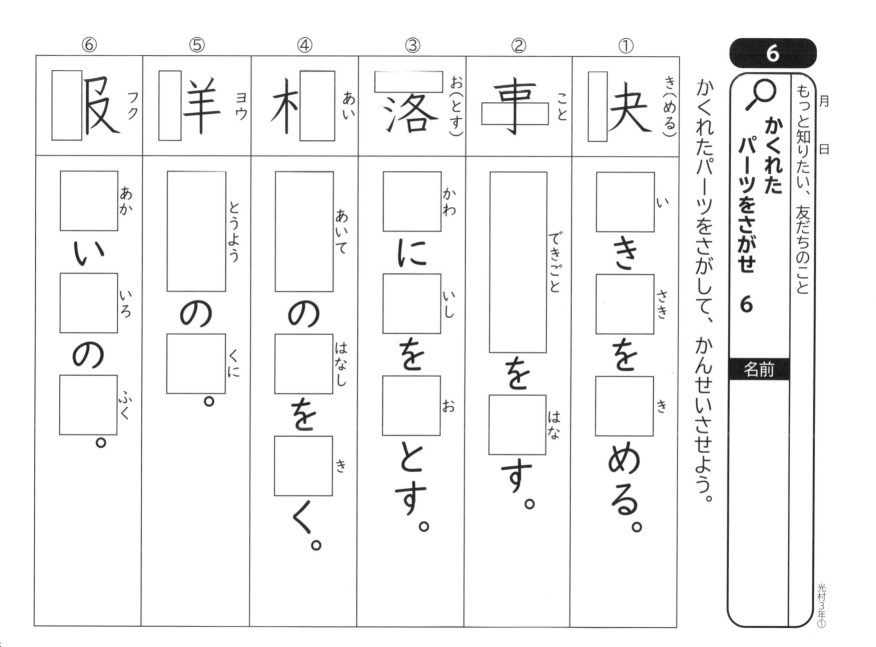

7

漢字の音と訓①

月　日

かくれたパーツをさがせ　7

名前

かくれたパーツをさがして、かんせいさせよう。

①
□欠《つぎ》
□《つぎ》の□《でんしゃ》が□《く》る。

②
□斤《ショ》
□《ひろ》い□《ばしょ》に□《た》つ。

③
□《ケン》
□《けんめい》を□《か》く。

④
ナ□《ユウ》
□《ゆうめい》な□《がか》。

⑤
□《こおり》
かき□《ごおり》を□《た》べる。

⑥
□少《ビョウ》
□《じゅうびょう》で□《はし》った。

光村3年

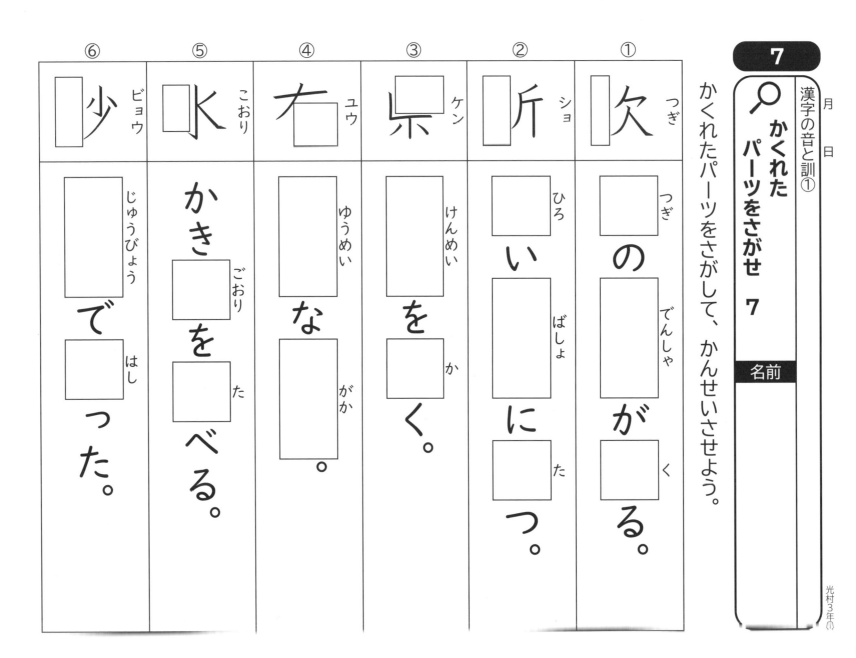

月　日

8

かくれたパーツをさがせ 8

名前

かくれたパーツをさがして、かんせいさせよう。

①

ノウ

りんご□《のうか》

②
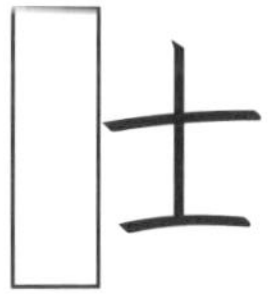
シ

さい□《ご》の□《しあ》げ。

③

キュウ

□《ちきゅうじょう》の□《くに》。

④

キョク

□《おんな》の□《きょくちょう》。

⑤

ゼン

□《ぜんこく》□《ちず》

⑥

あそ(ぶ)

□《こうえん》で□《あそ》ぶ。

かくれたパーツをさがせ 9

文様／こまを楽しむ／全体とちゅう心②

月　日

名前

かくれたパーツをさがして、かんせいさせよう。

①
□《あらわ(す)》

□《かんが》えを□《か》き□《あらわ》す。

②
□《むかし》

□《むかしばなし》を□《き》く。

③
世□《よ》

□《よ》の□《なか》を□《し》る。

④
□介《カイ》

□《ひろ》い□《せかい》。

⑤
辶□《はや(い)》

□《あし》が□《はや》い。

⑥
□黄《よこ》

お□《てら》の□《よこ》の□《こうえん》。

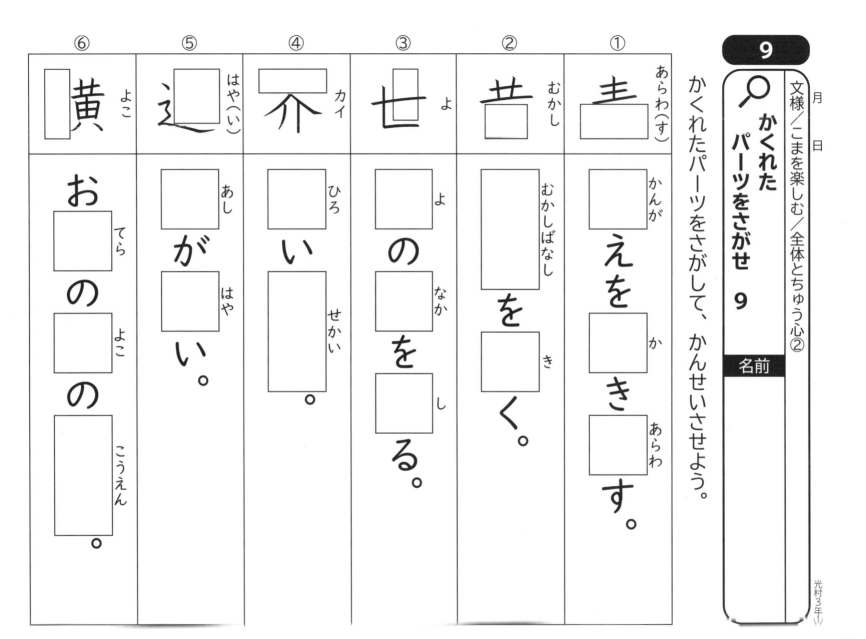

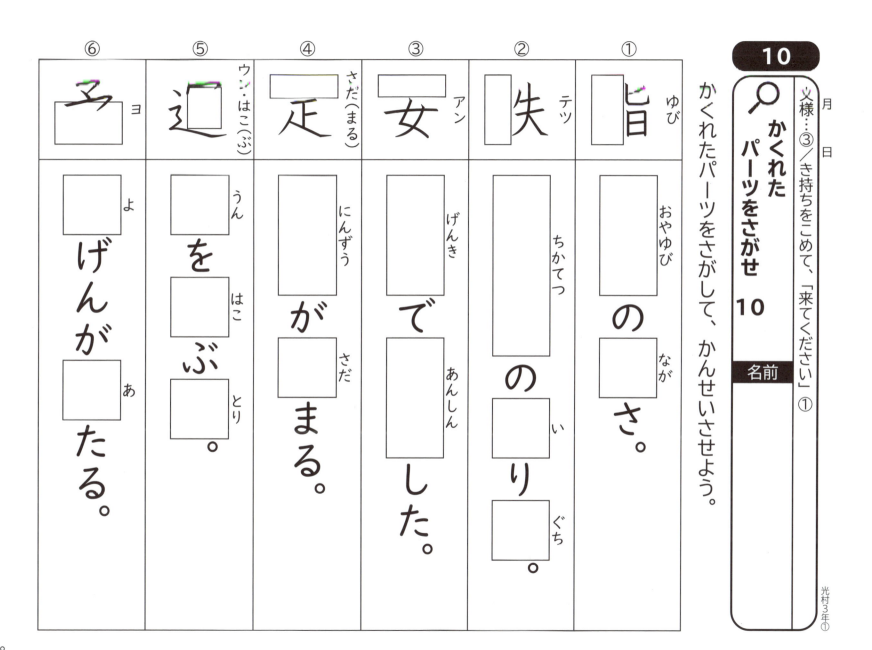

月　日

10

かくれたパーツをさがせ 10

名前

文様…③／き持ちをこめて、「来てください」①

かくれたパーツをさがして、かんせいさせよう。

① ゆび

□《おやゆび》の□《なが》さ。

② テツ

□《ちかてつ》の□《い》り□《ぐち》。

③ アン

□《げんき》で□《あんしん》した。

④ さだ(まる)

□《にんずう》が□《さだ》まる。

⑤ ウン・はこ(ぶ)

□《うん》を□《はこ》ぶ□《とり》。

⑥ ヨ

□《よ》げんが□《あ》たる。

光村3年①

月　日

気持ちをこめて、「来てください」②／まいごのかぎ①

11 かくれたパーツをさがせ 11

名前

かくれたパーツをさがして、かんせいさせよう。

①
辶□（おく（る））
□《とも》だちを□《おく》る。

②
□主（す（む））
□《ながねん》□《す》んだ□《いえ》。

③
旦□（グ）
□《かぐ》を□《か》う。

④
□合（ひろ（う））
□《みち》のごみを□《ひろ》う。

⑤
向（む（こう））
□《うみ》の□《む》こう。

⑥
□反（さか）
□《さかみち》を□《はし》り□《のぼ》る。

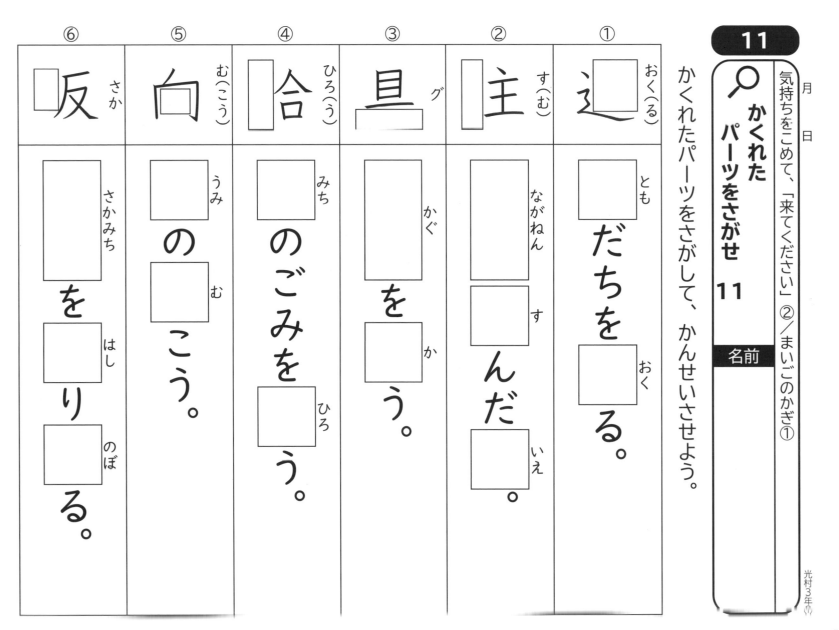

12

かくれたパーツをさがせ 12

まいごのかぎ②

月　日

名前

かくれたパーツをさがして、かんせいさせよう。

① 非□ かな(しい)

□《かな》しい□《はなし》。

② □录 みどり

□《みどり》の□《やま》がつづく。

③ 門□ カイ

□《じゅうじ》に□《かいてん》する。

④ 厈 ガン

□《かいがん》を□《まいあさ》□《はし》る。

⑤ □各 ロ

□《でんしゃ》の□《せんろ》。

⑥ 咸□ カン

□《かんしん》な□《おこな》い。

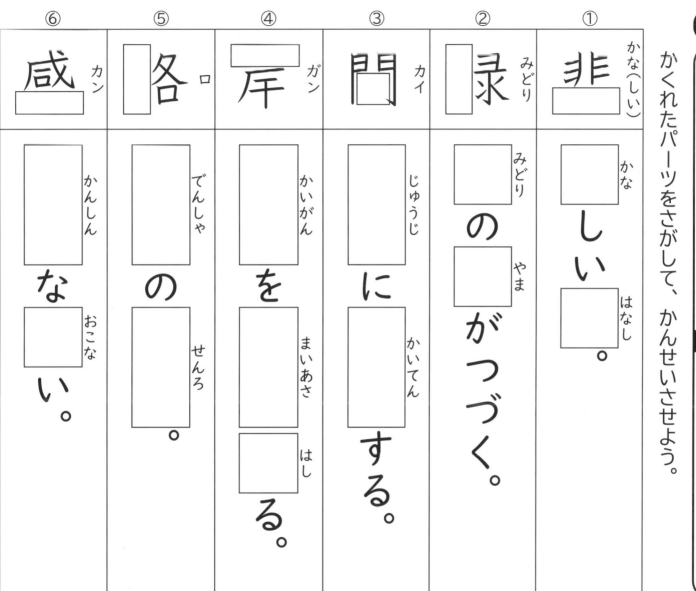

月　日

まいごのかぎ③／俳句を楽しもう／こそあど言葉を使いこなそう①

13

かくれたパーツをさがせ 13

名前

かくれたパーツをさがして、かんせいさせよう。

① 文□（タイ）

はん□《たい》の□《かんが》え。

② 匚□（ク）

□《はなし》の□《くぎ》り。

③ □昜（ヨウ）

□《たいよう》の□《ひかり》。

④ 敕□（セイ）

□《きょうしつ》の□《せいり》。

⑤ 音□（ブ）

□《いちぶぶん》を□《た》べる。

⑥ □永（およ(ぐ)）

□《いけ》で□《さかな》が□《およ》ぐ。

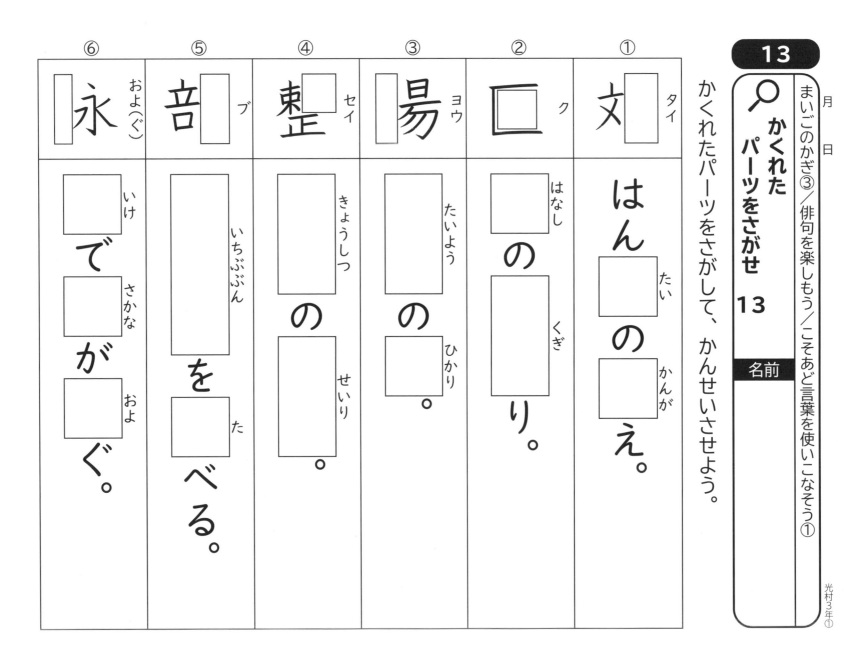

14

こそあど言葉を使いこなそう②／仕事のくふう、見つけたよ①

月　日

かくれたパーツをさがせ 14

名前

かくれたパーツをさがして、かんせいさせよう。

① □東 レン

□《いぬ》のくん□《れん》。

② 且□ ジョ

□《じょげん》をうける。

③ □里 ドウ

□《どうわ》を□《よ》む。

④ 中□ もう(す)

□《なまえ》を□《もう》す。

⑤ 品□ ヒン

□《さくひん》を□《か》う。

⑥ 商□ ショウ

□《いちば》で□《しょうばい》する。

光村3年①

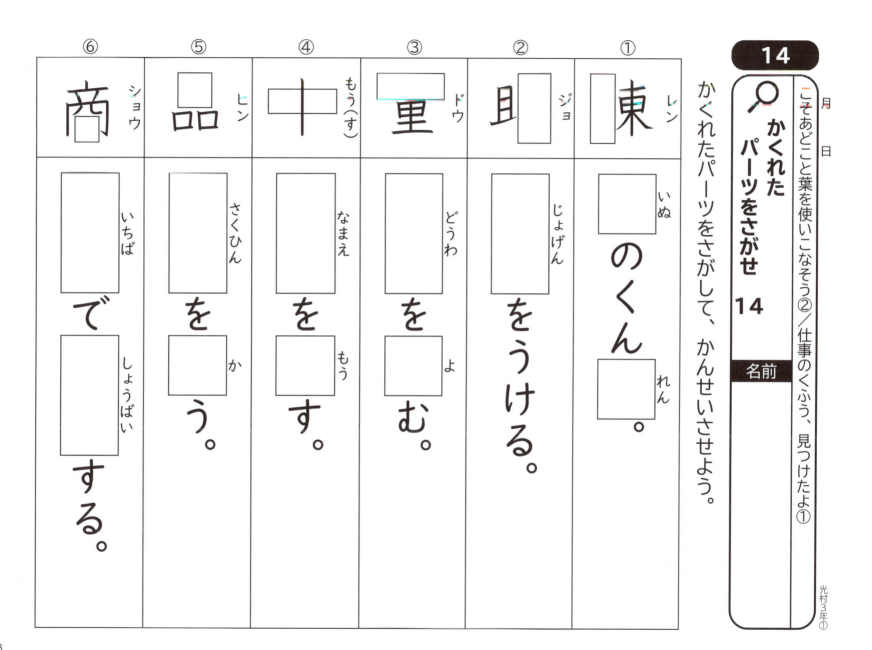

仕事のくふう、見つけたよ②

月　日

15 かくれたパーツをさがせ 15

名前

かくれたパーツをさがして、かんせいさせよう。

① □各（キャク）
□《きゃくしつ》のそうじ。

② □式（シキ）
□《おとうと》の□《にゅうがくしき》。

③ 土□（さ(る)）
□《なつ》がすぎ□《さ》る。

④ □音（バイ）
□《ひゃくまんばい》の□《ちから》。

⑤ □聿（ふで）
□《ふで》で□《か》く。

⑥ □艮（ギン）
□《ぎんこう》に□《い》く。

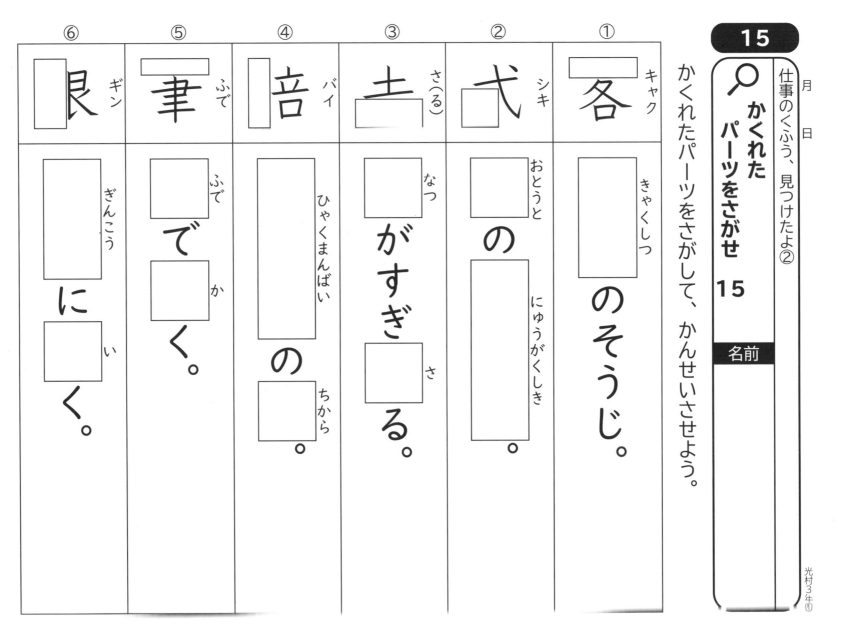

月　日

本で知ったことをクイズにしよう／とりになったきょうりゅうの話

16

かくれたパーツをさがせ 16

名前

かくれたパーツをさがして、かんせいさせよう。

①
□直　う（える）

□《き》を□《う》える。

②
□《あつ》(めるの上部)　あつ（める）

□《かい》がらを□《あつ》める。

③
亻□　カ

□《ぶんか》の□《ひ》

④
歹□　し（ぬ）

□《ことり》が□《し》んだ。

⑤
者□　ト

□《きょうと》のお□《てら》。

光村3年①

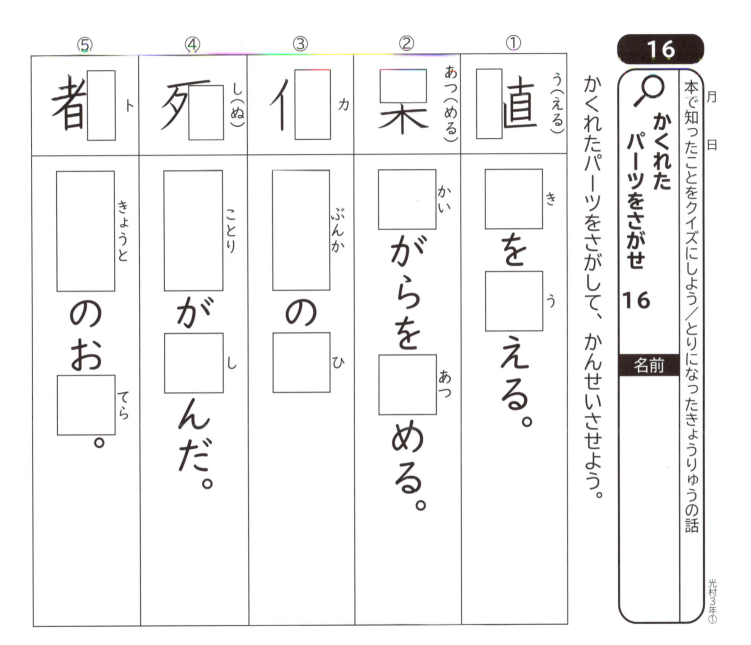

17

月　日

どきん／春風をたどって①

かん字足し算 1

名前

かん字の足し算をしよう。

① 言＋土＋寸＝□

② 艹＋世＋木＝□

③ 羽＋白＝□

④ 羊＋ノ＋目＝□

⑤ 癶＋一＋口＋丷＝□

⑥ 牛＋勿＝□

⑦ 扌＋土＋寸＝□

⑧ 方＋𠂉＋亻＋く＝□

＊答えのかん字でことばを作ろう。

光村3年②

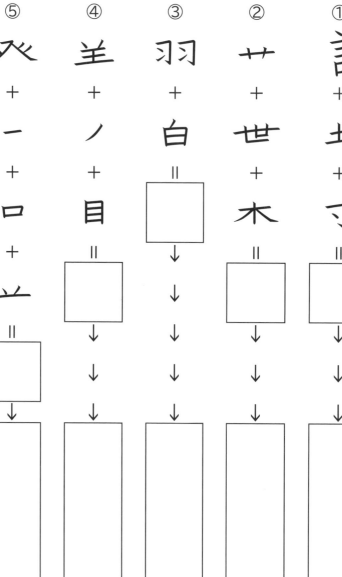

月　日

春風をたどって②／図書かんたんていだん①

かん字足し算　2

名前

かん字の足し算をしよう。

＊答えのかん字でことばを作ろう。

① 女＋ム＋口＝□ ↓ ↓ ↓ □

② 隹＋辶＝□ ↓ ↓ ↓ ↓ □

③ 重＋力＝□ ↓ ↓ ↓ ↓ □

④ 氵＋冖＋儿＋木＝□ ↓ □

⑤ 木＋ソ＋三＋水＝□ ↓ □

⑥ 丆＋冂＋目＋一＝□ ↓ □

⑦ 食＋宀＋呂＝□ ↓ ↓ ↓ □

⑧ 口＋一＋ク＝□ ↓ ↓ ↓ □

月　日

図書館たんていだん②／国語辞典をつかおう①

かん字足し算　3

名前

かん字の足し算をしよう。

＊答えのかん字でことばを作ろう。

① 言＋刀＋＋土＋口＝□↓

② 亻＋一＋口＋人＝□↓

③ 門＋口＝□↓↓↓↓↓

④ 立＋日＋心＝□↓↓↓

⑤ 口＋未＝□↓↓↓↓↓

⑥ 氵＋古＋月＝□↓↓↓

⑦ 氵＋艹＋口＋夫＝□↓

⑧ 冂＋土＝□↓↓↓↓↓

20

月　日

国語辞典を使おう②／もっと知りたい、友だちのこと①

かん字足し算 4

名前

かん字の足し算をしよう。

＊答えのかん字でことばを作ろう。

① 氵＋日＋皿＝□→→→→

② 氵＋酉＝□→→→→

③ 日＋疋＋頁＝□→→→

④ 癶＋二＋儿＝□→→→

⑤ 立＋日＋十＝□→→→

⑥ 一＋丷＋十＝□→→→

⑦ 氵＋ユ＋人＝□→→→

⑧ 一＋口＋ヨ＋亅＝□→

光村3年②

月　日

21

✚かん字足し算　5

もっと知りたい、友だちのこと②／漢字の音と訓①

名前

かん字の足し算をしよう。

＊答えのかん字でことばを作ろう。

① 艹＋氵＋夂＋口＝□ ↓ □

② 木＋目＝□ ↓ ↓ ↓ ↓ □

③ 氵＋⺍＋手＝□ ↓ ↓ ↓ □

④ 月＋卩＋又＝□ ↓ ↓ ↓ □

⑤ 冫＋欠＝□ ↓ ↓ ↓ ↓ ↓ □

⑥ 戸＋斤＝□ ↓ ↓ ↓ ↓ ↓ □

⑦ 目＋𠃊＋小＝□ ↓ ↓ ↓ □

⑧ ノ＋一＋月＝□ ↓ ↓ ↓ □

光村3年②

22

漢字の音と訓②／文様／こまを楽しむ／ぜん体と中心①

月　日

かん字足し算　6

名前

かん字の足し算をしよう。

＊答えのかん字でことばを作ろう。

① 亅＋丶＋八＝□→□

② 禾＋小＋ノ＝□→□

③ 曲＋厂＋衣＝□→□

④ 亻＋士＝□→□

⑤ 王＋求＝□→□

⑥ 尸＋乛＋口＝□→□

⑦ 八＋王＝□→□

⑧ 方＋𠂉＋子＋辶＝□→□

光村3年②

月　日

文様／こまを楽しむ／全体と中心②

✚かん字足し算　7

名前

かん字の足し算をしよう。

*答えのかん字でことばを作ろう。

① 圭 ＋ 𠂊乀 ＝ □ ↓↓↓↓↓ □

② 廾 ＋ 日 ＝ □ ↓↓↓↓↓ □

③ 一 ＋ 凵 ＋ 乚 ＝ □ ↓↓↓↓ □

④ 田 ＋ 𠆢 ＋ 川 ＝ □ ↓↓↓↓ □

⑤ 東 ＋ 辶 ＝ □ ↓↓↓↓↓ □

⑥ 木 ＋ 廾 ＋ 由 ＋ 八 ＝ □ ↓ □

⑦ 扌 ＋ ヒ ＋ 日 ＝ □ ↓↓↓↓ □

⑧ 金 ＋ 失 ＝ □ ↓↓↓↓↓ □

光村3年②

24

かん字足し算 8

月　日

文様…③／気持ちをこめて、「来てください」／まいごのかぎ①

名前

光村3年②

かん字の足し算をしよう。

＊答えのかん字でことばを作ろう。

① 宀＋女＝□→□

② 宀＋疋＝□→□

③ 冖＋車＋辶＝□→□

④ マ＋乛＋亅＝□→□

⑤ 关＋辶＝□→□

⑥ 亻＋丶＋王＝□→□

⑦ 目＋一＋八＝□→□

⑧ 扌＋入＋一＋口＝□→□

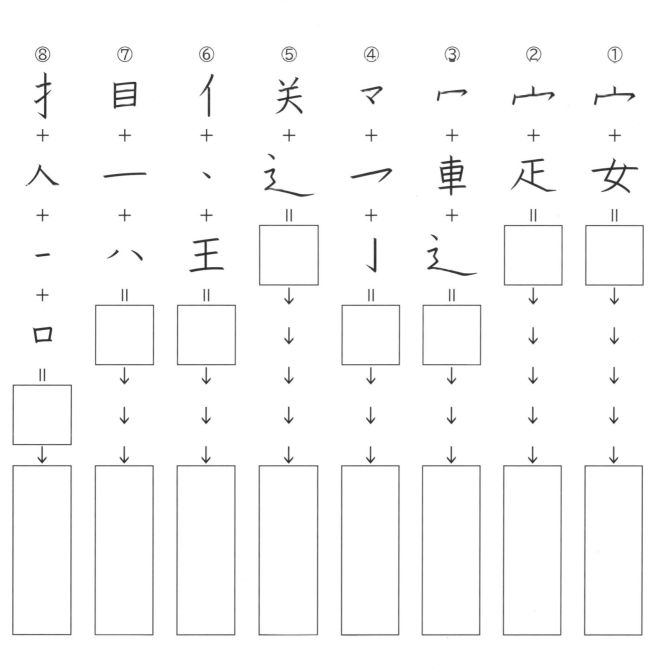

25

かん字足し算 9

まいごのかぎ②

月　日

名前

かん字の足し算をしよう。

＊答えのかん字でことばを作ろう。

① ノ ＋ 冂 ＋ ロ ＝ □ ↓↓↓↓ □

② 土 ＋ 厂 ＋ 又 ＝ □ ↓↓↓↓ □

③ 非 ＋ 心 ＝ □ ↓↓↓↓↓ □

④ 糸 ＋ ヨ ＋ 氺 ＝ □ ↓↓↓↓ □

⑤ 門 ＋ 开 ＝ □ ↓↓↓↓↓ □

⑥ 山 ＋ 厂 ＋ 干 ＝ □ ↓↓↓↓ □

⑦ ⻊ ＋ 夂 ＋ ロ ＝ □ ↓↓↓↓ □

⑧ 咸 ＋ 心 ＝ □ ↓↓↓↓↓ □

光村3年②

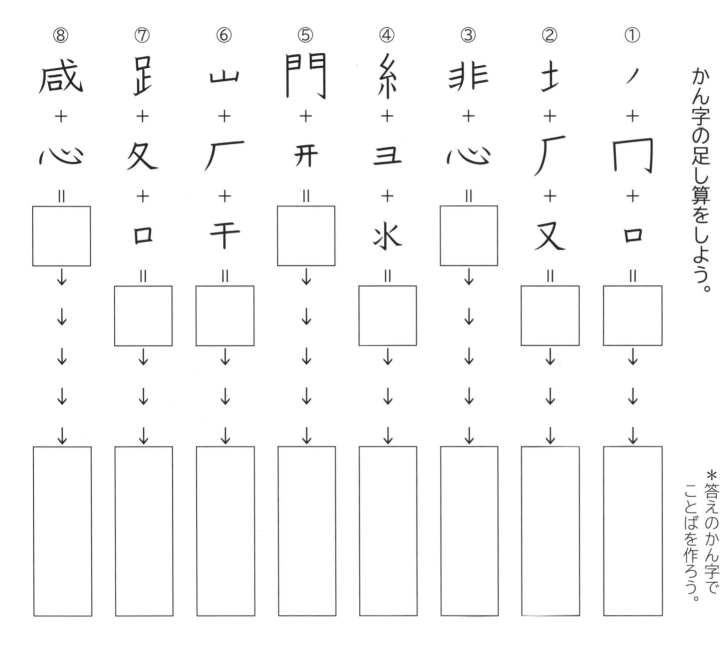

26

月　日

まいごのかぎ③／俳句を楽しもう／こそあど言葉を使いこなそう①

＋かん字足し算 10

名前

かん字の足し算をしよう。

＊答えのかん字でことばを作ろう。

① 亠 ＋ メ ＋ 寸 ＝ □ → → → → → □

② 一 ＋ メ ＋ 乚 ＝ □ → → → → → □

③ 卩 ＋ 日 ＋ 勿 ＝ □ → → → → → □

④ 東 ＋ 攵 ＋ 正 ＝ □ → → → → → □

⑤ 立 ＋ 口 ＋ 卩 ＝ □ → → → → → □

⑥ 氵 ＋ 丶 ＋ 水 ＝ □ → → → → → □

⑦ 糸 ＋ 東 ＝ □ → → → → → □

⑧ 且 ＋ 力 ＝ □ → → → → → □

光村3年②

月　日

27

かん字足し算 11

こそあど言葉を使いこなそう②／仕事のくふう、見つけたよ①

名前

かん字の足し算をしよう。

① 立 ＋ 日 ＋ 土 ＝ □
↓
↓
↓
□

② 日 ＋ 丨 ＝ □
↓
↓
↓
↓
□

③ 口 ＋ 口 ＋ 口 ＝ □
↓
↓
↓
□

④ 冂 ＋ 儿 ＋ 口 ＝ □
↓
↓
↓
□

⑤ 宀 ＋ 夂 ＋ 口 ＝ □
↓
↓
↓
□

⑥ 一 ＋ 工 ＋ 乚 ＝ □
↓
↓
↓
□

⑦ 土 ＋ 厶 ＝ □
↓
↓
↓
↓
□

⑧ 亻 ＋ 立 ＋ 口 ＝ □
↓
↓
↓
□

＊答えのかん字でことばを作ろう。

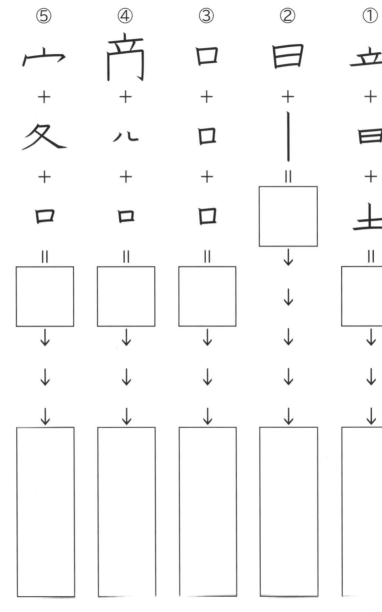

28

仕事のくふう、見つけたよ②～鳥になったきょうりゅうの話

月　日

＋かん字足し算 12

名前

かん字の足し算をしよう。

＊答えのかん字でことばを作ろう。

① ⺮ ＋ ヨ ＋ 二 ＋ 丨 ＝ □ → □

② 金 ＋ 艮 ＝ □ ↓ ↓ ↓ ↓ □

③ 木 ＋ 十 ＋ 目 ＋ L ＝ □ → □

④ 隹 ＋ 木 ＝ □ ↓ ↓ ↓ ↓ □

⑤ 亻 ＋ 匕 ＝ □ ↓ ↓ ↓ ↓ □

⑥ 一 ＋ 夕 ＋ 匕 ＝ □ ↓ ↓ ↓ □

⑦ 土 ＋ ノ ＋ 日 ＋ 阝 ＝ □ → □

光村3年②

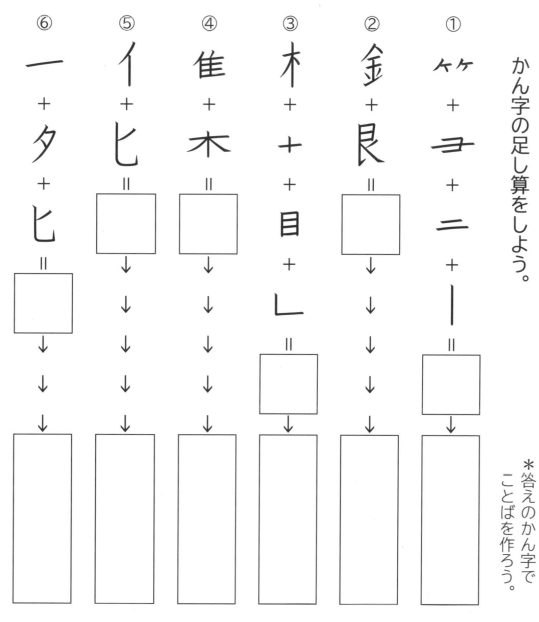

29

どきん／春風をたどって①

足りないのはどこ（形をよく見て）1

月　日

名前

足りないところを見つけて、正しく書こう。

① 作《さく》詩《し》 ↓ □

② 葉《は》っぱ ↓ □

③ 習《しゅう》字《じ》 ↓ □

④ 上《うわ》着《ぎ》 ↓ □

⑤ 登《とう》場《じょう》 ↓ □

⑥ ノ《じん》物《ぶつ》 ↓ □

⑦ 気《き》持《も》ち ↓ □

⑧ 旅《たび》ノ《びと》 ↓ □

⑨ 年《ねん》如《し》 ↓ □

⑩ 前《ぜん》進《しん》 ↓ □

⑪ 目《じ》動《どう》車《しゃ》 ↓ □

⑫ 水《すい》深《しん》 ↓ □

月　日

春風《はるかぜ》をたどって②／図書《としょ》かんたんていだん／国語辞典《こくごじてん》をつかおう①

足《た》りないのはどこ（形《かたち》をよく見《み》て）2

名前《なまえ》

足《た》りないところを見《み》つけて、正《ただ》しく書《か》こう。

① 工《おう》样《さま》 ↓

② 場《ば》百《めん》 ↓

③ 古《ふる》い館《やかた》 ↓

④ 記《き》号《ごう》 ↓

⑤ 訶《ちょう》埋《り》 ↓

⑥ 大《てん》使《し》 ↓

⑦ 字《がく》問《もん》 ↓

⑧ 月《よう》意《い》 ↓

⑨ 味《あじ》見《み》 ↓

⑩ 湖《こ》水《すい》 ↓

⑪ 漢《かん》字《じ》 ↓

⑫ 埋《り》日《ゆう》 ↓

光村3年③

月　日

国語辞典を使おう②／もっと知りたい、友だちのこと

31

足りないのはどこ（形をよく見て）3

名前

足りないところを見つけて、正しく書こう。

① 気温《きおん》
↓
□

② 口木洒《にほんしゅ》
↓
□

③ 詁題《わだい》
↓
□

④ 発車《はっしゃ》
↓
□

⑤ 文章《ぶんしょう》
↓
□

⑥ 半原《へいげん》
↓
□

⑦ 決心《けっしん》
↓
□

⑧ 二事《こうじ》
↓
□

⑨ 落丁《らっか》
↓
□

⑩ 手和《てそう》
↓
□

⑪ 洋室《ようしつ》
↓
□

⑫ 字主服《がくせいふく》
↓
□

月　日

足りないのはどこ（形をよく見て）4

名前

足りないところを見つけて、正しく書こう。

① 次《じ》口《かい》 → □

② 台《だい》所《どころ》 → □

③ 石《いし》川《かわ》県《けん》 → □

④ 有《ゆう》名《めい》 → □

⑤ 水《こおり》水《みず》 → □

⑥ 毎《まい》秒《びょう》 → □

⑦ 農《のう》家《か》 → □

⑧ 仕《し》組《く》み → □

⑨ 地《ち》球《きゅう》 → □

⑩ 局《きょく》長《ちょう》 → □

⑪ 全《ぜん》体《たい》 → □

⑫ 遊《ゆう》園《えん》地《ち》 → □

月　日

33

足りないのはどこ（形をよく見て）5

文様／こまを楽しむ／全体と中心②／気持ちをこめて、「来てください」①

名前

足りないところを見つけて、正しく書こう。

① 表《ひょう》紙《し》 → □

② 音《むかし》詁《ばなし》 → □

③ 世《せ》詁《わ》 → □

④ げん界《かい》 → □

⑤ 時《じ》述《そく》 → □

⑥ 横《よこ》顔《がお》 → □

⑦ 親《おや》指《ゆび》 → □

⑧ 鉄《てつ》道《どう》 → □

⑨ 安《あん》全《ぜん》 → □

⑩ 定《てい》食《しょく》 → □

⑪ 連《うん》動《どう》 → □

⑫ 了《よ》定《てい》 → □

月　日

気持ちをこめて、「来てください」②／まいごのかぎ①

足りないのはどこ（形をよく見て）6

名前

足りないところを見つけて、正しく書こう。

① 見《み》送《おく》る ↓ □

② 任《じゅう》ノ《にん》 ↓ □

③ 絵《え》の具《ぐ》 ↓ □

④ 拾《ひろ》う ↓ □

⑤ 万《ほう》向《こう》 ↓ □

⑥ 丅《くだ》り坂《ざか》 ↓ □

⑦ 悲《かな》しむ ↓ □

⑧ 緑《りょく》茶《ちゃ》 ↓ □

⑨ 開《かい》店《てん》 ↓ □

⑩ 川《かわ》岸《ぎし》 ↓ □

⑪ 線《せん》路《ろ》 ↓ □

⑫ 感《かん》心《しん》 ↓ □

35

月　日

まいごのかぎ②〜仕事のくふう、見つけたよ①

足りないのはどこ（形をよく見て）7

名前

足りないところを見つけて、正しく書こう。

① 対《たい》話《わ》 ↓ □

② 地《ち》区《く》 ↓ □

③ 太《たい》陽《よう》 ↓ □

④ 整《せい》理《り》 ↓ □

⑤ 全《ぜん》部《ぶ》 ↓ □

⑥ 水《すい》泳《えい》 ↓ □

⑦ 練《れん》習《しゅう》 ↓ □

⑧ 助《じょ》言《げん》 ↓ □

⑨ 童《どう》話《わ》 ↓ □

⑩ 申《もう》し出《で》 ↓ □

⑪ 作《さく》品《ひん》 ↓ □

⑫ 商《しょう》売《ばい》 ↓ □

仕事のくふう、見つけたよ②～鳥になったきょうりゅうの話

月　日

足りないのはどこ（形をよく見て）8

名前

足りないところを見つけて、正しく書こう。

① 客《きゃく》室《しつ》 →

② 式《しき》場《じょう》 →

③ 去《きょ》年《ねん》 →

④ 丨《じゅう》信《ばい》 →

⑤ 筆《ひっ》記《き》 →

⑥ 銀《ぎん》色《いろ》 →

⑦ 植《しょく》物《ぶつ》 →

⑧ 集《しゅう》口《ちゅう》 →

⑨ 化《か》字《がく》 →

⑩ 主《せい》死《し》 →

⑪ 都《と》会《かい》 →

月　日

どきん／春風をたどって①

かん字を入れよう　1

名前

文を読んで、ぴったりのかん字を入れよう。

① ゆう名な人の□を、ろう読する。

② 秋になると、木の□が、赤や黄色に色づく。

③ 新しいかん字を、二つ□いました。

④ あせをかいたら、ふくを□がえましょう。

⑤ サルが、高い木に□っている。

⑥ かなしい□語を読んで、なみだが出た。

⑦ りょう手に、大きなかばんを□って歩く。

⑧ 夏休みに、家ぞく四人で□行に行った。

ヒント　習　持　旅　詩　物　着　登　葉

かん字を入れよう　2

春風をたどって②／図書かんたんていだん①

月　日

名前

文を読んで、ぴったりのかん字を入れよう。

①今日から、新しいアニメが□まる。

②音楽が鳴ったら、前に□みましょう。

③しんごうがかわって、車が□き出した。

④せん水かんが、□い海にもぐる。

⑤どろぼうが、あたりの□子をうかがう。

⑥まめまきで、おにのお□を作る。

⑦休みの日に、図書□で本をかりる。

⑧家の電話番□をわすれてしまった。

ヒント　動　館　様　始　進　面　号　深

光村3年④

39

月　日

図書館たんていだん②／国語辞典をつかおう①

かん字を入れよう　3

名前

文を読んで、ぴったりのかん字を入れよう。

①日曜日の天気を□べてみよう。

②「星空」という言葉を□って、文を書く。

③もんだいの、□いに答えましょう。

④大そうじは、□外にたいへんだった。

⑤母が、りょう理の□をみる。

⑥「びわこ」は、日本で一番大きい□です。

⑦きのうの□字テストは、百点だった。

⑧すきな色で、自□にかきましょう。

ヒント　使　味　由　意　湖　問　調　漢

光村3年④

月　日

国語辞典を使おう②／もっと知りたい、友だちのこと①

かん字を入れよう 4

名前

光村3年④

文を読んで、ぴったりのかん字を入れよう。

① 母が、□かいココアを出してくれた。

② 父が、お□をのんでよっぱらった。

③ 作文のはじめには、まず□名を書く。

④ 時間がきて、電車が□車します。

⑤ 読む人に、分かりやすい文□を書く。

⑥ 一りん車は、□らな場しょでれん習する。

⑦ せきがえをして、新しいせきを□めた。

⑧ この先で、どうろエ□をしている。

ヒント　題　決　発　平　温　章　事　酒

41

月　日

もっと知りたい、友だちのこと②／漢字の音と訓①

かん字を入れよう　5

名前

文を読んで、ぴったりのかん字を入れよう。

①おつかいに行って、さいふを□とした。

②おばあさんの話し□手になる。

③お気に入りの□ふくを着て出かける。

④兄が、中学校のせい□を買いに行く。

⑤のりおくれたので、□の電車をまちました。

⑥そこは、けしきがきれいな場□だった。

⑦青森□では、リンゴがたくさんとれる。

⑧あの人は、とても□名な人だ。

ヒント　県　相　次　服　有　落　洋　所

光村3年④

月　日

漢字の音と訓②／文様／こまを楽しむ／ぜん体と中心①

かん字を入れよう　6

名前

文を読んで、ぴったりのかん字を入れよう。

①夏に食べるかき□は、つめたくておいしい。

②五十メートルを、十□で走った。

③お米を作る□家の人の話を聞く。

④工作の、さい後の□上げをする。

⑤ぼくは、少年野□のピッチャーをしている。

⑥はがきを買いに、ゆうびん□に行く。

⑦この町のことを□く知りません。

⑧ぼくは、きのう、公園で□びました。

ヒント　遊　局　氷　秒　農　全　球　仕

かん字を入れよう 7

文様／こまを楽しむ／全体と中心②

月　日

名前

文を読んで、ぴったりのかん字を入れよう。

①紙のうらと□に、ちがう絵をかく。

②きょうりゅうは、大□には、日本にもいた。

③かっている犬の□話を、毎日する。

④もうこれが、がまんのげん□です。

⑤新かん線は、スピードが□くてべんりだ。

⑥つかれたので、ベッドで□になる。

⑦ドッジボールで、つき□をした。

⑧公園の□ぼうで、さか上がりをする。

ヒント　横　表　指　世　昔　界　速　鉄

光村3年①

月　日

44

かん字を入れよう 8

文様…③／気持ちをこめて、「来てください」／まいごのかぎ①

名前

文を読んで、ぴったりのかん字を入れよう。

①あの店は、ねだんが□くておいしい。

②来週のよ□をれんらくします。

③大きなつくえを、二人で□んだ。

④先生から、来週の□ていを聞いた。

⑤てん校する友だちを、手をふって見□った。

⑥おじいさんは、古い家に□んでいます。

⑦遠足で、雨□をわすれて、ずぶぬれになった。

⑧公園のごみを□って、ごみばこに入れる。

ヒント　運　安　具　拾　住　定　予　送

月　日

まいごのかぎ②

かん字を入れよう　9

名前

文を読んで、ぴったりのかん字を入れよう。

①左を見てから、右を□いてください。

②きゅうな□道を、歩いて上る。

③かっていた犬がいなくなり、とても□しい。

④秋には、□色の山が、赤や黄色に色づきます。

⑤エレベーターのドアが□きました。

⑥たいふうで、大きななみが海□にうちよせる。

⑦汽車がけむりをはいて、線□を走っている。

⑧本を読んで、□そう文を書く。

ヒント　坂　開　悲　路　岸　緑　感　向

月　日

かん字を入れよう 10

まいごのかぎ③／俳句を楽しもう／こそあど言葉を使いこなそう①

名前

文を読んで、ぴったりのかん字を入れよう。

①サッカーで、ライバルチームと□決する。

②引き出しの中を□切って、分ける。

③夕方、太□が西の山にしずむ。

④ちらかった、つくえの上の本を□理する。

⑤中学校のクラブは、サッカー□に入りたい。

⑥水そうで、ジンベイザメが□いでいる。

⑦一りん車の□習をしていて、ころんだ。

⑧おぼれている人を、みんなで□けた。

ヒント　部　陽　区　泳　対　整　練　助

光村3年④

月　日

こそあど言葉を使いこなそう②／仕事のくふう、見つけたよ①

かん字を入れよう 11

名前

文を読んで、ぴったりのかん字を入れよう。

①キツネの親子の、□話を読んだ。

②スポーツクラブへ、にゅう会を□しこむ。

③トランプで、手□をやって見せる。

④お店のたなに、□ひんをならべました。

⑤スーパーのお□さんが、レジにならぶ。

⑥六年生のそつぎょう□は、三月です。

⑦この夏は、□年にくらべてすずしかった。

⑧このひもは、こちらの二□の長さがある。

ヒント　客　品　倍　商　童　式　申　去

月　日

仕事のくふう、見つけたよ②～鳥になったきょうりゅうの話

かん字を入れよう 12

名前

文を読んで、ぴったりのかん字を入れよう。

①えんぴつを三本、□ばこに入れる。

②母が、□行にお金をあずけに行く。

③ここには、めずらしい木が□えてある。

④たくさんの人が公園に□まっています。

⑤きょうりゅうのほねの□石を見つけた。

⑥クラスでかっていたメダカが□んでしまった。

⑦ならや、京□には、古いお寺が多い。

ヒント　集　銀　死　植　都　筆　化

2

学期

かくれたパーツをさがせ 17

名前

わたしと小鳥とすずと～ポスターを読もう

月　日

かくれたパーツをさがして、かんせいさせよう。

①

リョウ

□《りょうて》を□《ひろ》げる。

②

ま(ける)

□《つよ》い□《ひと》が□《ま》ける。

③

かかり

□《としょがかり》になる。

④

イン

□《かいいん》の□《なまえ》。

⑤

まつ(り)

□《じもと》の□《あきまつ》り。

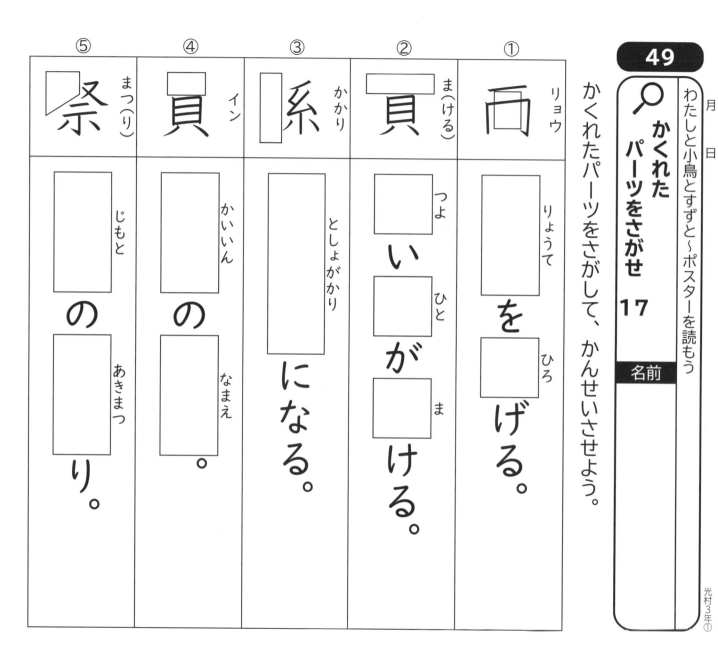

月　日

書くことを考えるときは／漢字のくみたて①

50

かくれたパーツをさがせ 18

名前

かくれたパーツをさがして、かんせいさせよう。

① □美《ギョウ》

□《く》み□《た》て□《さぎょう》。

② □反《いた》

□《いた》を□《はんぶん》に□《き》る。

③ □主《はしら》

□《はしら》を□《た》てる。

④ □由《あぶら》

□《あぶらえ》をかく。

⑤ □巷《みなと》

□《みなとまち》の□《え》をかく。

光村3年①

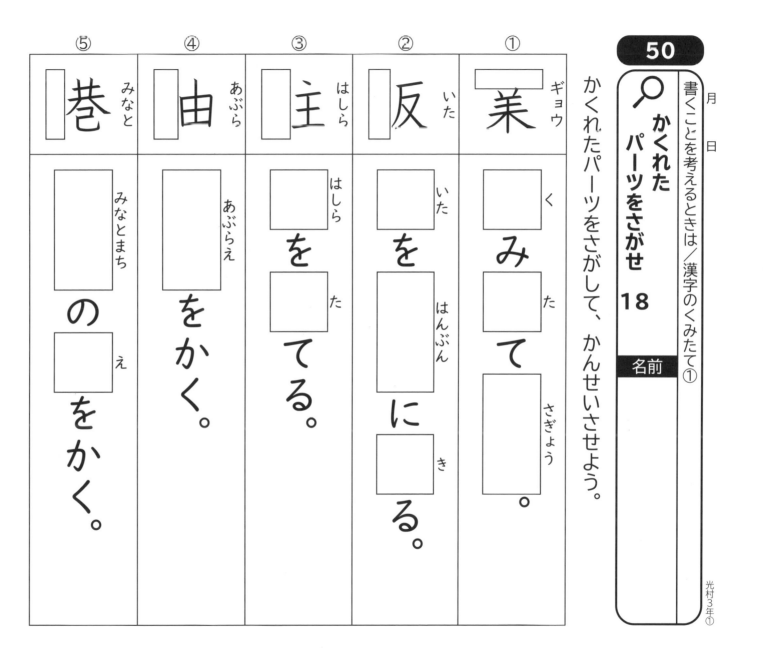

月　日

漢字の組み立て②

かくれたパーツをさがせ 19

名前

かくれたパーツをさがして、かんせいさせよう。

① □楽《くすり》
□《しろ》い□《いろ》の□《くすり》。

② □由《ふえ》
□《くちぶえ》が□《き》こえる。

③ □主《チュウ》
□《ちゅうもん》が□《おお》い。

④ 亜□《わる(い)》
□《かおいろ》が□《わる》い。

⑤ 耂□《もの》
□《がっこう》の□《にんきもの》。

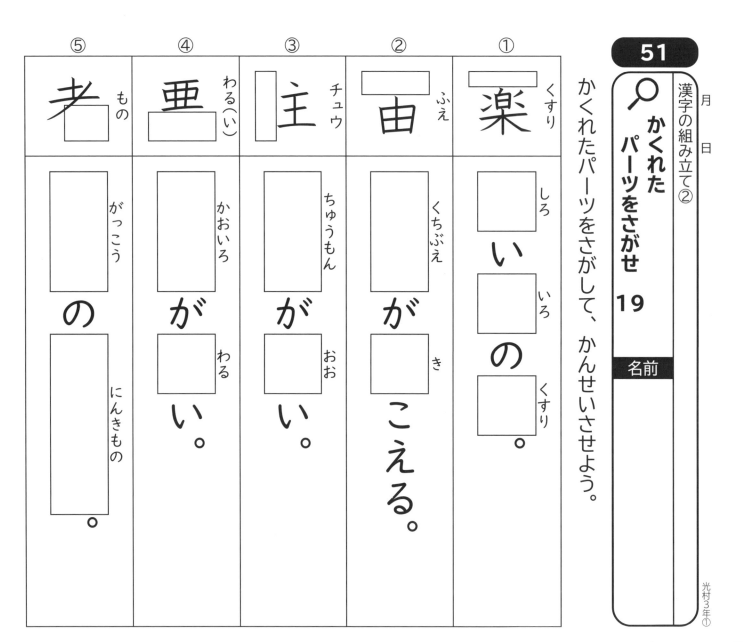

月　日

漢字の組み立て③／ローマ字

かくれたパーツをさがせ

20

名前

かくれたパーツをさがして、かんせいさせよう。

① □券《か(つ)》

□《よわ》い□《ひと》が□《か》つ。

② 广□《コ》

□《きんこ》の□《なか》の□《たいきん》。

③ □皮《なみ》

□《うみ》が□《なみだ》つ。

④ 方□《はな(す)》

□《そら》に□《とり》を□《はな》す。

⑤ 免□《ベン》

□《こくご》の□《べんきょう》。

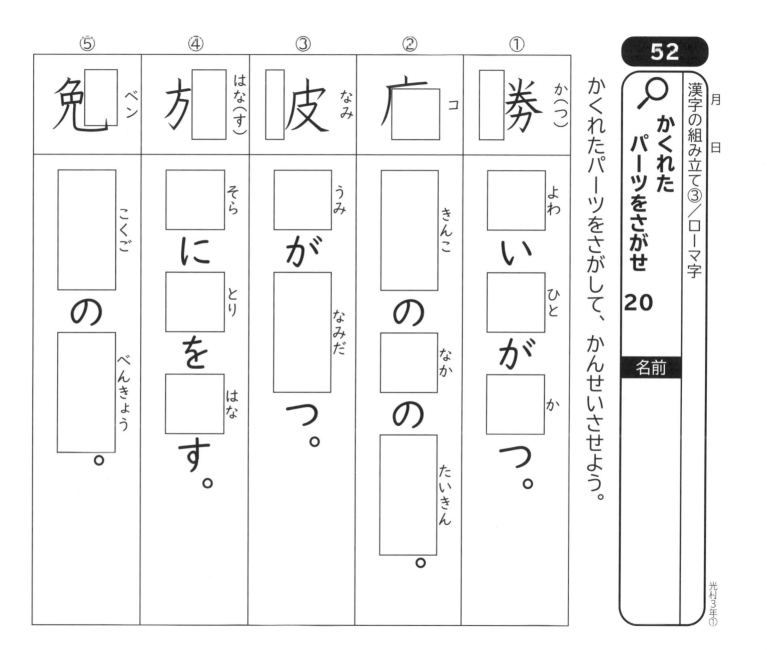

月　日

53

ちいちゃんのかげおくり①

かくれたパーツをさがせ 21

名前

かくれたパーツをさがして、かんせいさせよう。

① ソウ　相□

□《かんそう》を□《い》う。

② うつ(す)　□与

お□《てほん》を□《うつ》す。

③ ま　直□

□《まよなか》の□《こうえん》。

④ レツ　歹□

□《なが》い□《ぎょうれつ》。

⑤ ケツ　□皿

けがで□《しゅっけつ》する。

⑥ くら(い)　□音

□《くら》い□《よる》になる。

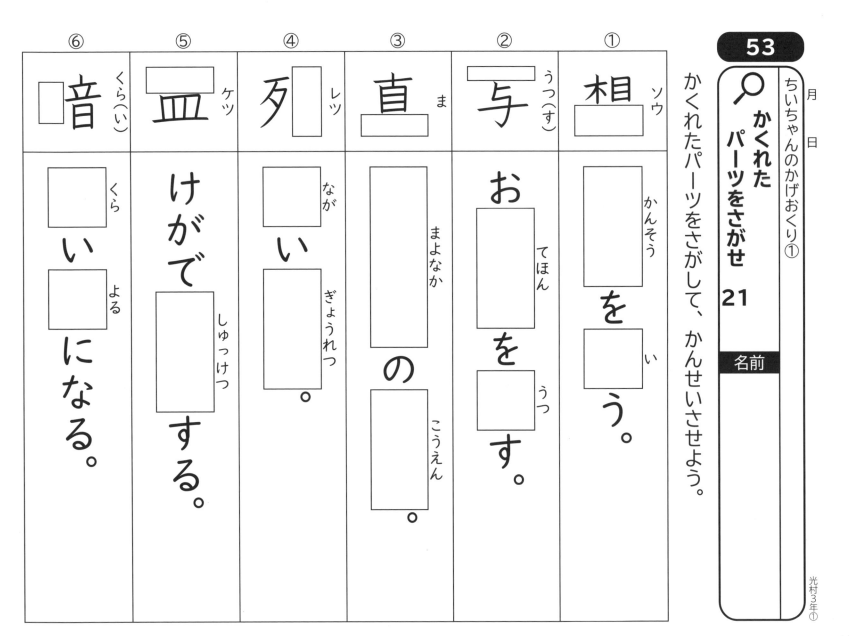

月　日

ちいちゃんのかげおくり②

54

かくれたパーツをさがせ 22

名前

かくれたパーツをさがして、かんせいさせよう。

① □喬（はし）
□《いしばし》をわたる。

② 暑（あつ（い））
□《みなみ》の□《くに》は□《あつ》い。

③ 寒（さむ（い））
□《きたぐに》の□《ふゆ》は□《さむ》い。

④ □圣（かる（い））
□《かる》い□《はね》がとぶ。

⑤ 命（いのち）
□《いのち》を□《たいせつ》にする。

⑥ 弟（ダイ）
はじめの□《だいいっぽ》。

光村3年①

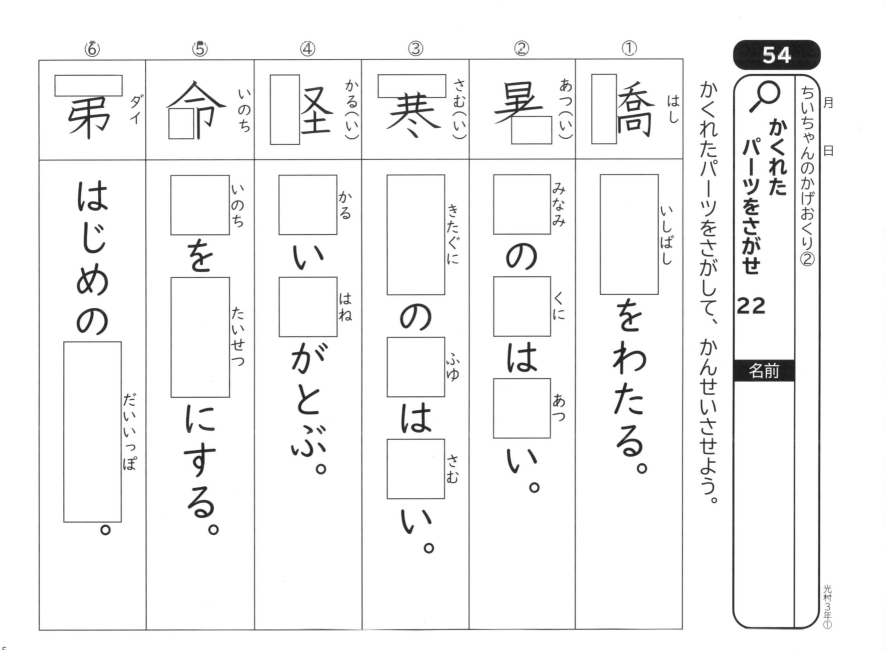

月　日

修飾語を使って書こう①

55

かくれたパーツをさがせ 23

名前

かくれたパーツをさがして、かんせいさせよう。

① □辶《かえ(す)》

□《ほん》を□《かえ》す。

② □王《シュ》

お□《はなし》の□《しゅじんこう》。

③ □川《シュウ》

□《きゅうしゅう》に□《ふね》で□《い》く。

④ 尸□《オク》

□《がっこう》の□《おくじょう》。

⑤ □艮《ね》

□《き》の□《ねもと》を□《き》る。

⑥ □何《に》

□《にぐるま》で□《はこ》ぶ。

光村3年①

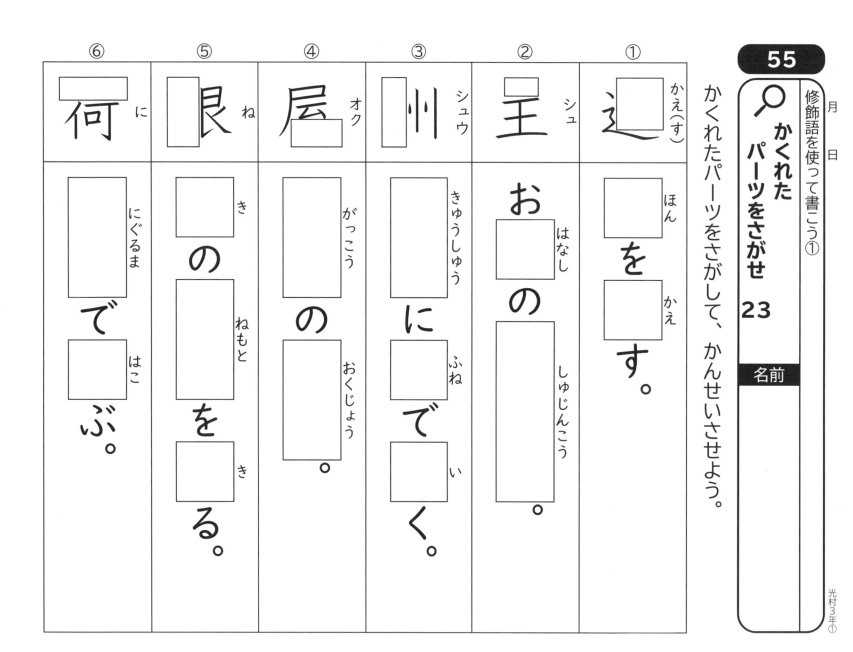

月　日

修飾語を使って書こう②／すがたをかえるだいず①

56 かくれたパーツをさがせ 24

名前

かくれたパーツをさがして、かんせいさせよう。

① □寸　まも(る)

□《じかん》を□《まも》る。

② □殳　ヤク

□《あと》で□《やくだ》つ。

③ 豆□　ズ

□《だいず》を□《た》べる。

④ 𠫓□　そだ(つ)

□《げんき》に□《そだ》つ。

⑤ □肖　き(える)

□《ひ》が□《き》える。

⑥ 耳□　と(る)

□《さき》に□《てん》を□《と》る。

光村3年①

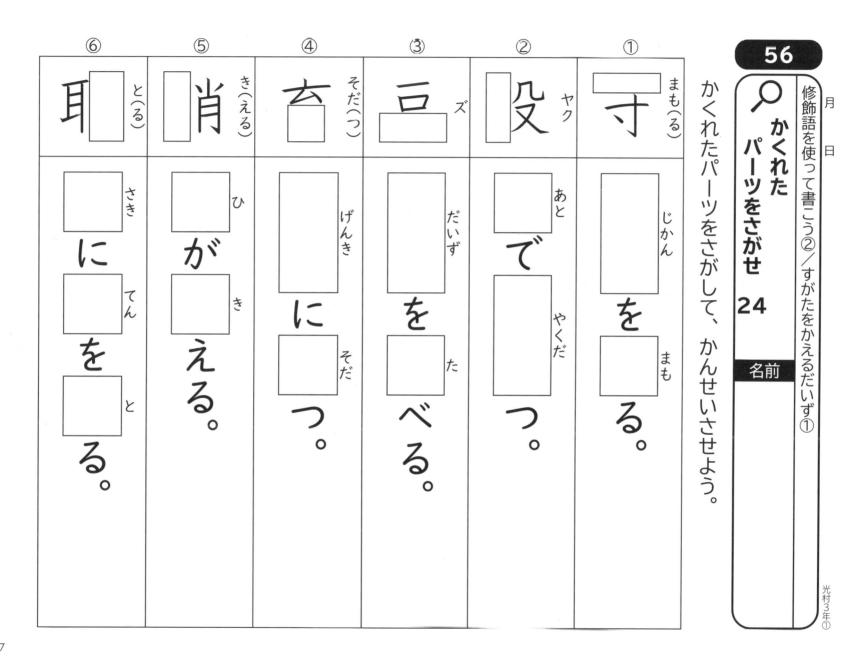

月　日

すがたをかえる大豆②／ことわざ・故事成語①

57

かくれたパーツをさがせ 25

名前

かくれたパーツをさがして、かんせいさせよう。

① 其□《キ》

□《なが》い□《きかん》。

② □田《はたけ》

□《はなばたけ》が□《ひろ》がる。

③ □冬《お(わる)》

□《なつやす》みが□《お》わる。

④ □畐《フク》

□《ふくび》きで□《あ》たる。

⑤ 刍□《いそ(ぐ)》

□《がっこう》に□《いそ》ぐ。

⑥ 走□《お(こす)》

□《はは》が□《おとうと》を□《お》こす。

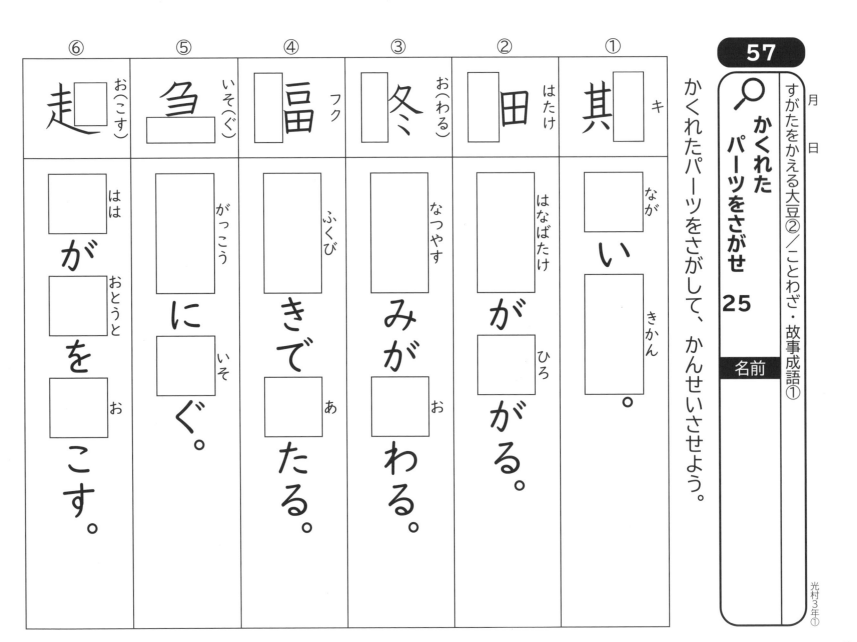

ことわざ・故事成語②／漢字の意味①

月　日

かくれたパーツをさがせ 26

名前

かくれたパーツをさがして、かんせいさせよう。

①

□古《ク》

□《くしん》して□《つく》る。

②

□寺《ま(つ)》

□《まちあいしつ》で□《ま》つ。

③

□炎《ダン》

□《こうちょう》先生の□《だんわ》。

④

□昇《はな》

□《はなみず》が□《で》る。

⑤

□凶《は》

□《むしば》がいたい。

⑥

央□《オウ》

□《かみ》の□《ちゅうおう》に□《か》く。

光村3年①

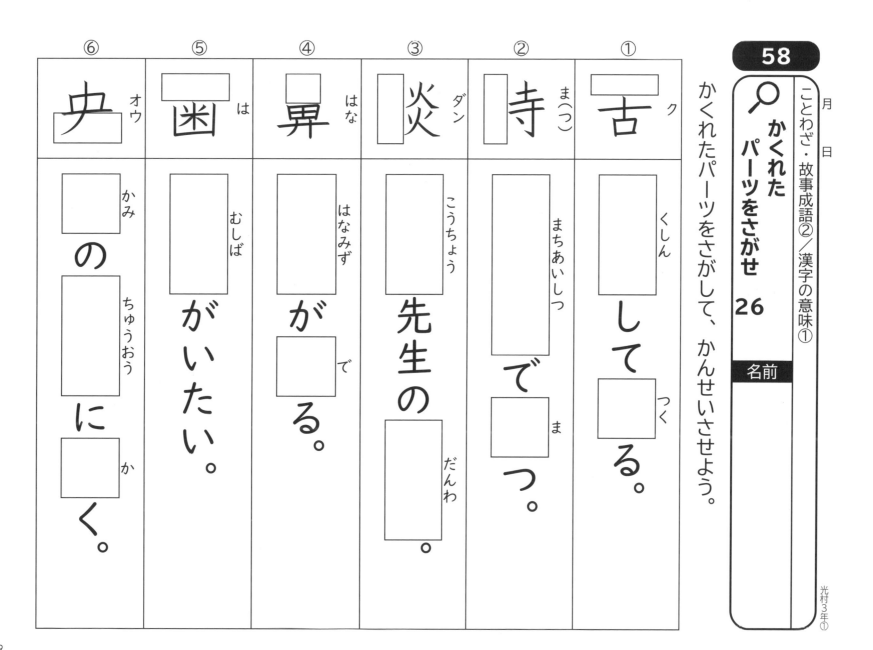

漢字の意味②

月　日

かくれたパーツをさがせ 27

名前

かくれたパーツをさがして、かんせいさせよう。

①
□皆《カイ》
□《にかい》だてバス

②
禾□《イ》
□《としょ》□《いいん》

③
□及《キュウ》
□《がっきゅう》□《しんぶん》を□《つく》る。

④
□召《ショウ》
□《しょうわ》□《う》まれの□《ちち》。

⑤
□口《ワ》
□《わしょく》のお□《みせ》。

⑥
□尺《エキ》
□《えきまえ》のお□《みせ》。

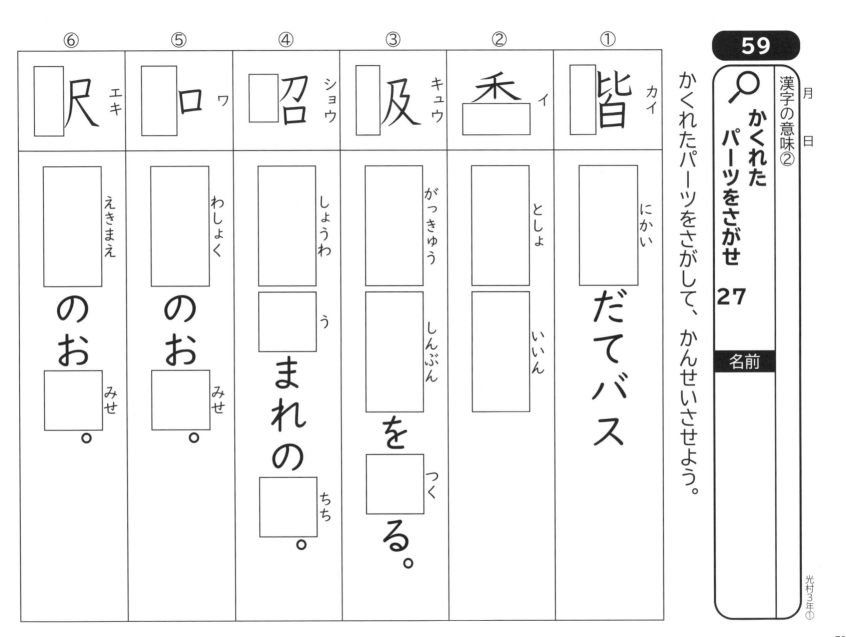

月　日

漢字の意味③／たん歌を楽しもう／三年とうげ①

かくれたパーツをさがせ　28

名前

かくれたパーツをさがして、かんせいさせよう。

	①	②	③	④	⑤
かん字	□《かわ》	□《さら》	□豆《みじか(い)》	自□《いき》	□《うつく(しい)》
文	□《けがわ》を□《か》う。	お□《さら》とお□《ちゃ》わん。	□《みじか》い□《けいと》。	ため□《いき》が□《で》る。	□《うつく》しい□《はな》がさく。

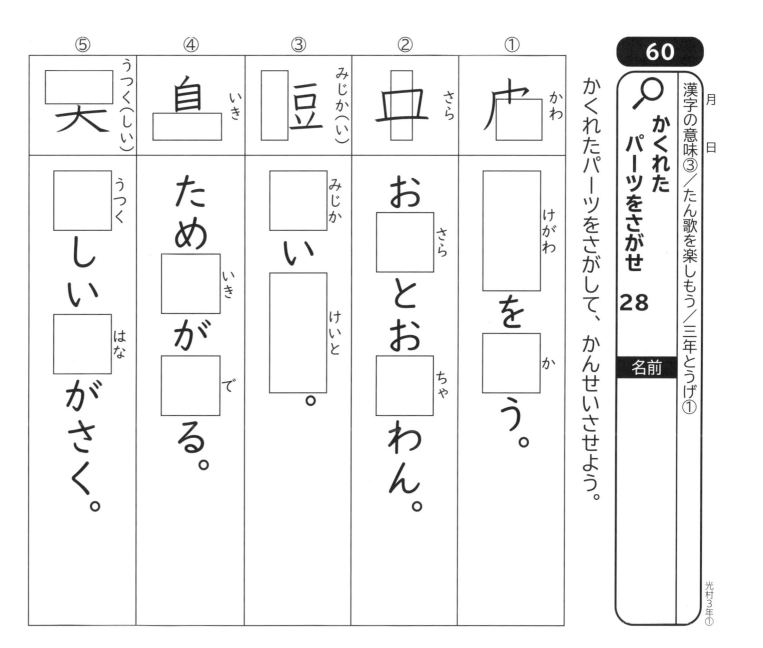

三年とうげ②

月　日

かくれたパーツをさがせ　29

名前

かくれたパーツをさがして、かんせいさせよう。

①	②	③	④	⑤
□云《テン》	疒□《ビョウ》	匚□《イ》	飠□《の(む)》	重《かさ(ねる)》
□《きいろ》の□《じてんしゃ》。	□《びょうき》で□《やす》む。	□《いがく》を□《まな》ぶ。	□《みず》を□《の》む。	□《ほん》を□《かさ》ねる。

光村3年①

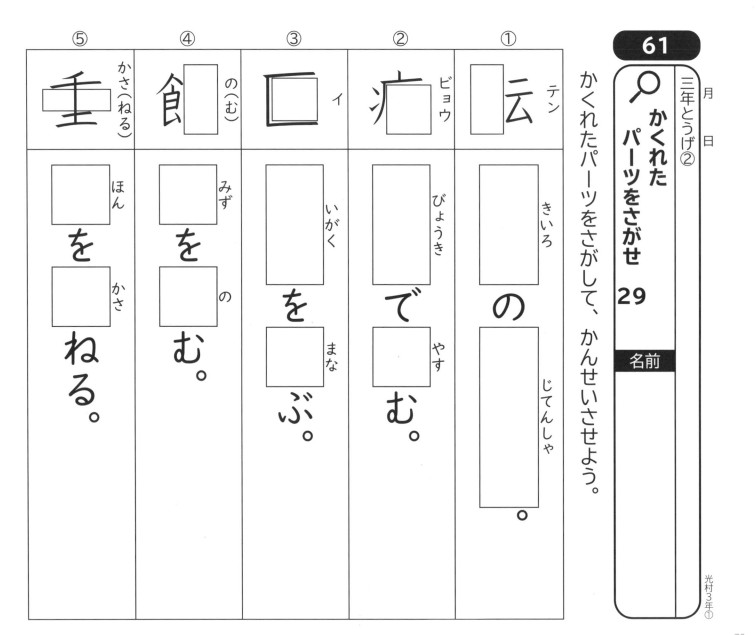

月　日

三年とうげ③／わたしの町のよいところ

かくれたパーツをさがせ 30

名前

かくれたパーツをさがして、かんせいさせよう。

①
酉□《ハイ》

□《てんき》を□《しんぱい》する。

②
度《ド》

□《こんど》の□《にちようび》。

③
幸□《しあわ（せ）》

□《しあわ》せな□《じんせい》。

④
□流《なが（す）》

□《かわ》に□《なが》す。

⑤
□矢《ゾク》

□《ごにん》□《かぞく》

光村3年①

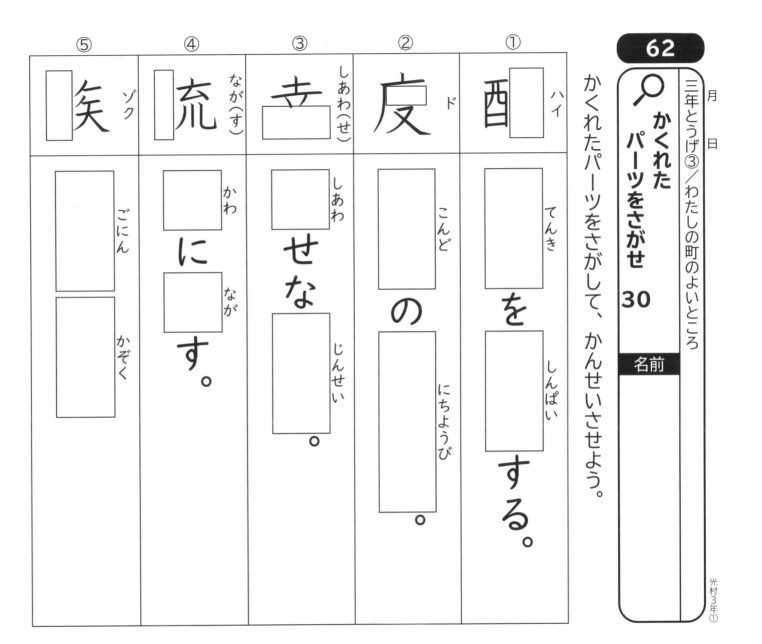

月　日

63

わたしと小鳥とすずと～書くことを考えるときは

＋かん字足し算　13

名前

かん字の足し算をしよう。

＊答えのかん字でことばを作ろう。

① 一＋冂＋山＝□→→→□

② ⺈＋目＋八＝□→→→□

③ 亻＋丿＋糸＝□→→→□

④ 口＋目＋八＝□→→→□

⑤ 夕又＋二＋小＝□→→→□

⑥ 䒑＋䒑＋木＝□→→→□

光村3年㊦

64

月　日

漢字の組み立て①

＋かん字足し算 14

名前

かん字の足し算をしよう。

＊答えのかん字でことばを作ろう。

① 木＋厂＋又＝□→□

② 木＋丶＋王＝□→□

③ 氵＋由＝□→□

④ 氵＋廿＋八＋己＝□→□

⑤ 艹＋白＋⺍＋木＝□→□

⑥ 竹＋由＝□→□

⑦ 氵＋丶＋王＝□→□

光村3年②

月　日

漢字の組み立て②／ローマ字

✚かん字足し算 15

名前

かん字の足し算をしよう。

＊答えのかん字でことばを作ろう。

① 亜＋心＝□↓↓↓↓↓□

② 土＋ノ＋日＝□↓↓↓↓□

③ 月＋关＋カ＝□↓↓↓↓□

④ 广＋車＝□↓↓↓↓↓□

⑤ 氵＋巾＋又＝□↓↓↓↓□

⑥ 方＋攵＝□↓↓↓↓↓□

⑦ ク＋罒＋儿＋力＝□↓□

月　日

ちいちゃんのかげおくり①

かん字足し算 16

名前

かん字の足し算をしよう。

＊答えのかん字でことばを作ろう。

① 木 ＋ 目 ＋ 心 ＝ □ ↓ ↓ ↓ □

② 宀 ＋ 丂 ＋ 一 ＝ □ ↓ ↓ ↓ □

③ 十 ＋ 目 ＋ 一 ＋ 八 ＝ □ ↓ □

④ 一 ＋ 夕 ＋ 刂 ＝ □ ↓ ↓ ↓ □

⑤ ノ ＋ 皿 ＝ □ ↓ ↓ ↓ ↓ ↓ □

⑥ 日 ＋ 立 ＋ 日 ＝ □ ↓ ↓ ↓ □

光村3年②

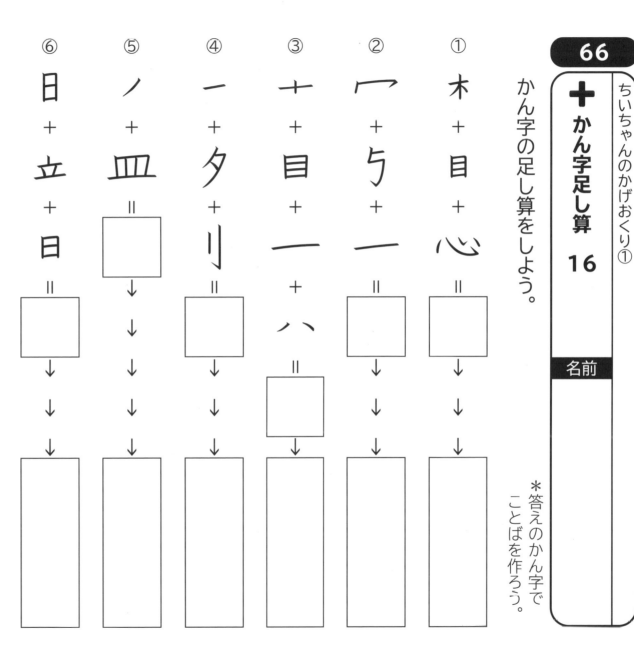

月　日

ちいちゃんのかげおくり②

＋かん字足し算 17

名前

かん字の足し算をしよう。

① 木＋呑＋冂＋口＝□
↓
□

② 日＋耂＋日＝□
↓
□

③ 宀＋井＋八＋冫＝□
↓
□

④ 車＋又＋土＝□
↓
□

⑤ 𠆢＋一＋口＋卩＝□
↓
□

⑥ ⺮＋弓＋亻＝□
↓
□

＊答えのかん字でことばを作ろう。

光村3年②

かん字足し算 18

修飾語を使って書こう

月　日

名前

かん字の足し算をしよう。

① 厂 ＋ 又 ＋ 辶 ＝ □ ↓ ↓ ↓ □

② 丶 ＋ 王 ＝ □ ↓ ↓ ↓ ↓ ↓ □

③ リ ＋ 丨 ＋ 丨 ＝ □ ↓ ↓ ↓ □

④ 尸 ＋ 一 ＋ 厶 ＋ 土 ＝ □ ↓ □

⑤ 木 ＋ 艮 ＝ □ ↓ ↓ ↓ ↓ ↓ □

⑥ 艹 ＋ 亻 ＋ 可 ＝ □ ↓ ↓ ↓ □

⑦ 宀 ＋ 寸 ＝ □ ↓ ↓ ↓ ↓ ↓ □

⑧ 彳 ＋ 几 ＋ 又 ＝ □ ↓ ↓ ↓ □

＊答えのかん字でことばを作ろう。

光村3年②

69

✚かん字足し算 19

すがたをかえるだいず

月　日

名前

光村3年②

かん字の足し算をしよう。

＊答えのかん字でことばを作ろう。

① 一＋口＋䒑＝□↓↓↓↓□

② 亠＋厶＋月＝□↓↓↓↓□

③ 氵＋⺌＋月＝□↓↓↓↓□

④ 耳＋又＝□↓↓↓↓□

⑤ 其＋月＝□↓↓↓↓□

⑥ 火＋田＝□↓↓↓↓□

⑦ 糸＋夂＋⺀＝□↓↓↓↓□

70

月　日

ことわざ・故事成語

かん字足し算 20

名前

かん字の足し算をしよう。

＊答えのかん字でことばを作ろう。

① ネ＋一＋口＋田＝□→□

② ク＋ヨ＋心＝□→→→□

③ 走＋己＝□→→→→□

④ 廿＋十＋口＝□→→→□

⑤ 亻＋土＋寸＝□→→→□

⑥ 言＋火＋火＝□→→→□

光村3年②

月　日

71

漢字の意味①

かん字足し算 21

名前

かん字の足し算をしよう。

＊答えのかん字でことばを作ろう。

① 自＋田＋廾＝□

② 止＋米＋山＝□

③ 冂＋大＝□

④ 阝＋比＋白＝□

⑤ 禾＋女＝□

⑥ 糸＋及＝□

⑦ 日＋刀＋口＝□

⑧ 禾＋口＝□

光村3年②

かん字足し算 22

漢字の意味②／たん歌を楽しもう／三年とうげ①

名前

かん字の足し算をしよう。

＊答えのかん字でことばを作ろう。

① 馬＋尺＝□↓↓↓↓□

② 广＋又＝□↓↓↓↓□

③ 罒＋一＝□↓↓↓↓□

④ 矢＋一＋口＋丷＝□↓□

⑤ 自＋心＝□↓↓↓↓□

⑥ 丷＋王＋大＝□↓↓↓□

⑦ 車＋二＋厶＝□↓↓↓□

⑧ 疒＋丙＋人＝□↓↓↓□

月　日

三年とうげ②／わたしの町のよいところ

かん字足し算 23

名前

かん字の足し算をしよう。

① 一 ＋ 矢 ＋ 乚 ＝ □ → □

② 食 ＋ 欠 ＝ □ → □

③ 二 ＋ 日 ＋ 土 ＝ □ → □

④ 酉 ＋ 己 ＝ □ → □

⑤ 广 ＋ 廿 ＋ 又 ＝ □ → □

⑥ 土 ＋ ソ ＋ 干 ＝ □ → □

⑦ 氵 ＋ 亠 ＋ ム ＋ 儿 ＝ □ → □

⑧ 方 ＋ 𠂉 ＋ 矢 ＝ □ → □

＊答えのかん字でことばを作ろう。

光村3年②

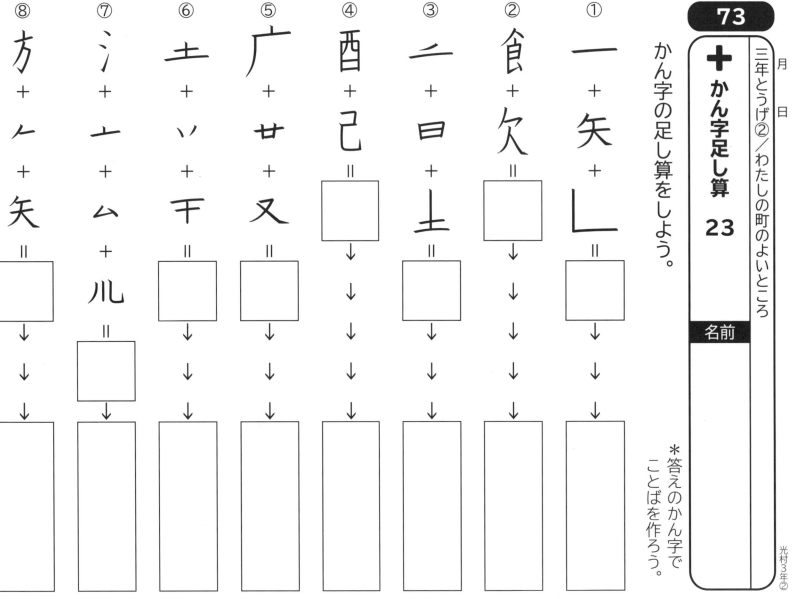

わたしと小鳥とすずと～漢字の組み立て①

月　日

足りないのはどこ（形をよく見て）9

名前

足りないところを見つけて、正しく書こう。

① 両《りょう》万《ほう》 ↓ □

② 負《ま》ける ↓ □

③ 係《かかり》員《いん》 ↓ □

④ 店《てん》員《いん》 ↓ □

⑤ 祭《まつ》り ↓ □

⑥ 二《こう》業《ぎょう》 ↓ □

⑦ 黒《こく》权《ばん》 ↓ □

⑧ 電《でん》枉《ちゅう》 ↓ □

⑨ 泪《ゆ》日《でん》 ↓ □

⑩ 開《かい》洪《こう》 ↓ □

光村3年③

漢字の組み立て②／ローマ字

月　日

足りないのはどこ（形をよく見て）10

名前

足りないところを見つけて、正しく書こう。

① 口《め》菓《ぐすり》 ↓ □

② 汽《き》笛《てき》 ↓ □

③ 汪《ちゅう》又《もん》 ↓ □

④ 悪《わる》冂《ぐち》 ↓ □

⑤ 竹《さく》者《しゃ》 ↓ □

⑥ 勝《しょう》者《しゃ》 ↓ □

⑦ 車《しゃ》車《こ》 ↓ □

⑧ 波《なみ》問《ま》 ↓ □

⑨ 文《ほう》水《すい》 ↓ □

⑩ 免《べん》強《きょう》 ↓ □

光村3年③

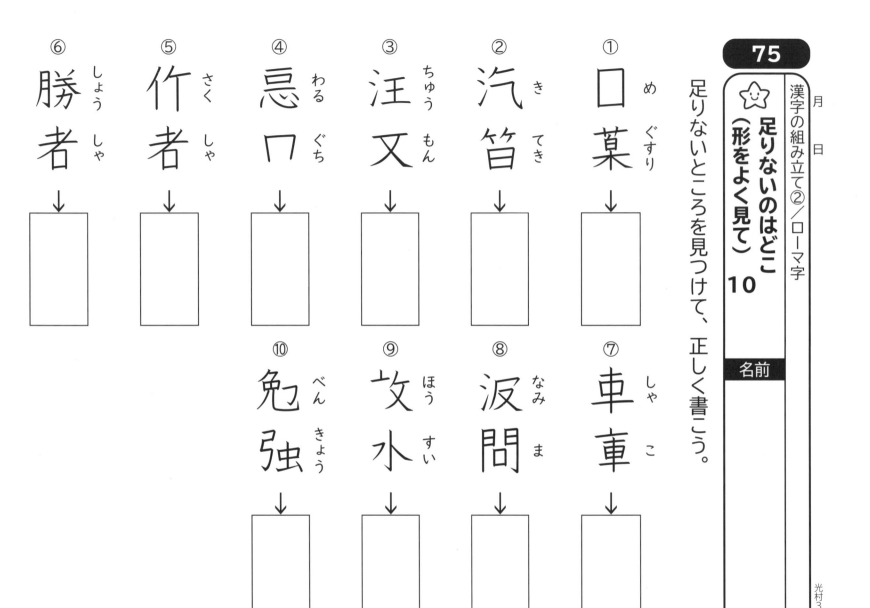

ちいちゃんのかげおくり

月　日

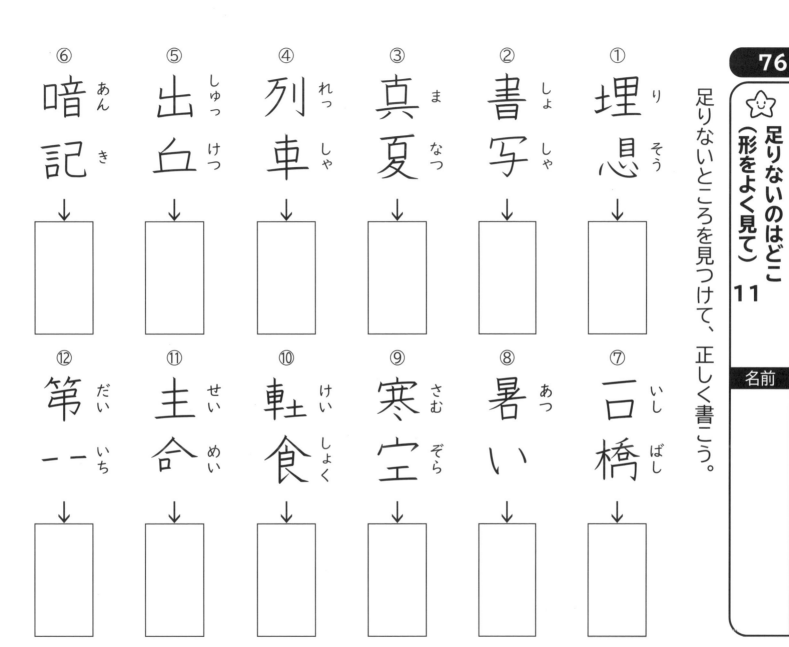

足りないのはどこ（形をよく見て）11

名前

足りないところを見つけて、正しく書こう。

① 埋《り》思《そう》 →

② 書《しょ》写《しゃ》 →

③ 真《ま》夏《なつ》 →

④ 列《れっ》車《しゃ》 →

⑤ 出《しゅっ》白《けつ》 →

⑥ 暗《あん》記《き》 →

⑦ 石《いし》橋《ばし》 →

⑧ 暑《あつ》い →

⑨ 寒《さむ》空《ぞら》 →

⑩ 軽《けい》食《しょく》 →

⑪ 生《せい》命《めい》 →

⑫ 第《だい》一《いち》 →

光村3年(3)

足りないのはどこ（形をよく見て）12

名前

足りないところを見つけて、正しく書こう。

① 辷《へん》全《きん》 ↓ □

② 三《しゅ》語《ご》 ↓ □

③ 木《ほん》川《しゅう》 ↓ □

④ 八《こ》屋《や》 ↓ □

⑤ 根《こん》気《き》 ↓ □

⑥ 何《に》車《ぐるま》 ↓ □

⑦ 守《まも》る ↓ □

⑧ 役《やく》口《め》 ↓ □

⑨ 黒《くろ》亘《まめ》 ↓ □

⑩ 休《たい》肓《いく》 ↓ □

⑪ 涓《しょう》人《か》 ↓ □

⑫ 先《せん》取《しゅ》点《てん》 ↓ □

足りないのはどこ（形をよく見て）13

名前

足りないところを見つけて、正しく書こう。

①　字《がっ》期《き》 → □

②　畑《はた》作《さく》 → □

③　終《しゅう》点《てん》 → □

④　福《ふく》引《び》き → □

⑤　急《きゅう》月《よう》 → □

⑥　早《はや》起《お》き → □

⑦　苦《にが》手《て》 → □

⑧　待《まち》合《あい》室《しつ》 → □

⑨　会《かい》談《だん》 → □

79

月　日

漢字の意味／たんかを楽しもう

足りないのはどこ（形をよく見て）14

名前

足りないところを見つけて、正しく書こう。

① 鼻《はな》歌《うた》

② 歯《は》車《ぐるま》

③ 中《ちゅう》央《おう》

④ 音《おん》階《かい》

⑤ 委《い》員《いん》

⑥ 上級生《じょうきゅうせい》

⑦ 昭《しょう》和《わ》

⑧ 和《わ》室《しつ》

⑨ 駅《えき》前《まえ》

⑩ 毛《け》皮《がわ》

⑪ 大《おお》皿《ざら》

⑫ 短《たん》文《ぶん》

光村3年③

80

月　日

足りないのはどこ（形をよく見て）15

名前

足りないところを見つけて、正しく書こう。

① 息《いき》切《ぎ》れ →

② 美《び》ノ《じん》 →

③ 口《かい》転《てん》 →

④ 病《びょう》ノ《にん》 →

⑤ 医《い》字《がく》 →

⑥ 飲《いん》食《しょく》 →

⑦ 休《たい》重《じゅう》 →

⑧ 八《しん》配《ぱい》 →

⑨ 角《かく》度《ど》 →

⑩ 幸《しあわ》せ →

⑪ 電《でん》流《りゅう》 →

⑫ 家《か》族《ぞく》 →

光村3年③

81

月　日

わたしと小鳥とすずと～書くことを考えるときは

かん字を入れよう 13

名前

文を読んで、ぴったりのかん字を入れよう。

①父と母のことを、□親という。

②一点さで□けて、とてもくやしい。

③本がすきなので、図書□になりたい。

④あのレストランの店□は、とても親切だ。

⑤今日は秋□りで、おみこしが出る。

⑥ロボットが、組み立ての作□をする。

ヒント　係　両　祭　員　負　業

光村3年④

月　日

漢字の組み立て①

かん字を入れよう 14

名前

光村3年④

文を読んで、ぴったりのかん字を入れよう。

①先生が、チョークで、黒□に字を書く。

②車が電□にぶつかって、止まった。

③天ぷらは、□であげて作る。

④大きな外国の船が、□に入ってきた。

⑤目が赤いので、目□をさした。

⑥遠くから、口□をふく音が聞こえる。

⑦こぼさないように、コップに水を□ぐ。

ヒント　注　柱　薬　板　港　笛　油

かん字を入れよう　15

名前

文を読んで、ぴったりのかん字を入れよう。

①今日は、天気が□くて、雨がふりそうだ。

②あの子は、クラスの人気□です。

③サッカーのしあいで、一点さで□った。

④父が車を、バックで車□に入れた。

⑤サーフィンをして、大きな□にのっている。

⑥ポンプ車が、いきおいよく水を□水する。

⑦四年生になると、□強がむずかしくなる。

ヒント　勝　者　波　放　勉　悪　庫

月　日

ちいちゃんのかげおくり①

かん字を入れよう 16

名前

文を読んで、ぴったりのかん字を入れよう。

①みらいの世界を、空□して、絵をかく。

②お手本を、ていねいに□しましょう。

③となりの家には、□っ白い犬がいる。

④ありの行□が、遠くまでつづいている。

⑤ころんで、足にけがをして、□が出た。

⑥夕やけ空がだんだん□くなりました。

ヒント　列　暗　真　血　写　想

光村3年④

月　日

ちいちゃんのかげおくり②

かん字を入れよう 17

名前

文を読んで、ぴったりのかん字を入れよう。

①川には、古いつり□がかかっている。

②今年の夏は、とても□くなりそうだ。

③北国の冬の朝は、とても□い。

④ランドセルが空っぽで、とても□い。

⑤今日、新しい□が生まれました。

⑥新しい□一歩を、ふみ出しました。

ヒント　暑　第　橋　寒　軽　命

光村3年④

修飾語を使って書こう

月　日

かん字を入れよう 18

名前

文を読んで、ぴったりのかん字を入れよう。

① 友だちに、かりたおもちゃを□した。

② このお話の□人公は、男の人です。

③ たい風は、九□地方に、よく上りくする。

④ 強い風のせいで、犬小□がこわれてしまった。

⑤ おので、木を□元から切りたおす。

⑥ 家ぞくで、引っこしの□づくりをする。

⑦ かならず、やくそくを□ってください。

⑧ おてつだいをして、母の□に立つ。

ヒント　荷　返　州　守　役　根　主　屋

87

月　日

すがたをかえるだいず

かん字を入れよう 19

名前

文を読んで、ぴったりのかん字を入れよう。

①「おには外、ふくは内。」と、□まきをする。

②家で、かわいい子犬を□てている。

③いきなりあかりが□えて、びっくりした。

④かばんから、本を□り出して見せた。

⑤二学□には、秋の運動会がある。

⑥野さいを植えるために、□をたがやす。

⑦一週間かかって、本を読み□えた。

ヒント　期　取　豆　終　育　消　畑

光村3年④

かん字を入れよう 20

名前

文を読んで、ぴったりのかん字を入れよう。

①「おには外、□は内。」と、豆まきをする。

②おくれそうなので、□いで学校に行く。

③今日は遠足なので、早□きをした。

④いっしょうけんめい走って、いきが□しい。

⑤校門の前で、友だちと□ち合わせする。

⑥こまっていることを、先生に相□する。

ヒント　苦　談　起　急　待　福

月　日

漢字の意味①

かん字を入れよう 21

名前

光村3年④

文を読んで、ぴったりのかん字を入れよう。

①顔のまん中には、□がある。

②夜、ねる前に、□みがきをする。

③ステージのちょうど中□に立つ。

④家の二□のまどから、外を見る。

⑤お兄さんは、ほうそう□員をしている。

⑥クラスのみんなで、学□新聞を作った。

⑦ぼくは、平せいで、父は□わの生まれだ。

⑧外国でも、日本の□食が人気だ。

ヒント　央　鼻　歯　昭　和　委　級　階

90 かん字を入れよう 22

漢字の意味②／たん歌を楽しもう／三年とうげ①

名前

文を読んで、ぴったりのかん字を入れよう。

① 八時ちょうどに、電車が□□を出発しました。

② ほうちょうで、りんごの□をむく。

③ 夕食の後、かたづけの□あらいをした。

④ 何回もえんぴつをけずると、□くなった。

⑤ ため□が出るほど、よいながめでした。

⑥ 公園に、さくらの花が、□しくさいている。

⑦ 近くの公園まで、自□車で行った。

⑧ これから、□気の友だちのお見まいに行く。

ヒント　転　皿　息　皮　美　病　駅　短

91

月　日

三年とうげ②／わたしの町のよいところ

かん字を入れよう 23

名前

文を読んで、ぴったりのかん字を入れよう。

①ねつがあるので、お□者さんにみてもらう。

②のどがかわいたら、水を□みましょう。

③本がいっぱい入っていて、かばんが□い。

④遠足のしおりが、みんなに□られた。

⑤とても寒いので、温□計を見た。

⑥それから、二人は□せにくらしました。

⑦川に落としたぼうしが、□れていった。

⑧ぼくの家は、五人家□です。

ヒント　飲　医　度　族　幸　重　流　配

3学期

月　日

92

カンジーはかせの音訓かるた①

かくれたパーツをさがせ　31

名前

かくれたパーツをさがして、かんせいさせよう。

①
チョウ
□長

□《ちち》の□《くろ》い□《てちょう》。

②
か(える)
□弋

せん□《しゅ》を□《か》える。

③
キョク
曲

□《きょくせん》をえがく。

④
な(げる)
□殳

□《ゆき》の□《たま》を□《な》げる。

⑤
タン
岸

□《くろ》い□《せきたん》。

⑥
ヨウ・ひつじ
羊

□《ひつじ》の□《け》は□《ようもう》。

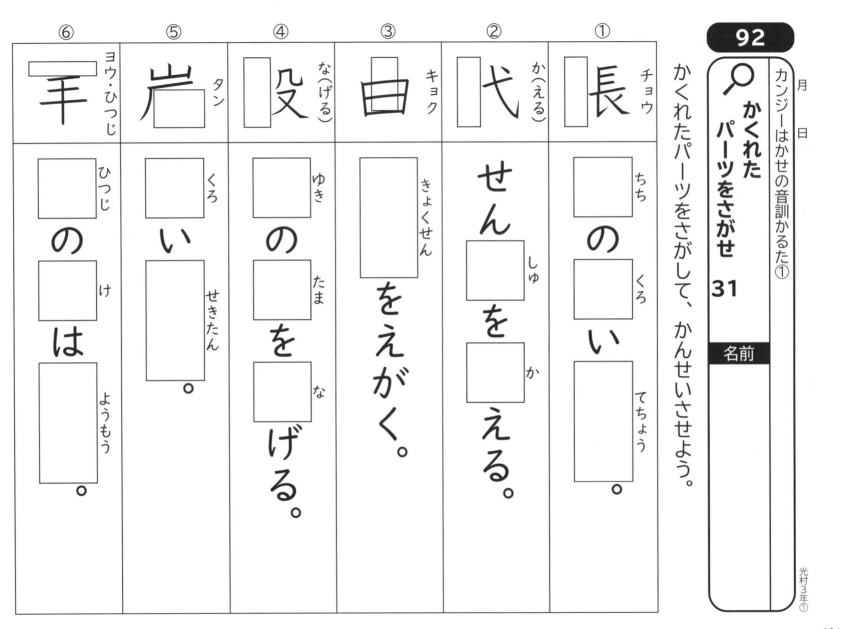

カンジーはかせの音訓かるた②

月　日

かくれたパーツをさがせ 32

名前

かくれたパーツをさがして、かんせいさせよう。

① □佰《やど(る)》
□《あまやど》りをする。

② □丁《チョウ》
□《ごちょうめ》の□《いちば》。

③ □呂《みや》
お□《みや》さんに□《い》く。

④ □完《イン》
けがで□《にゅういん》する。

⑤ □し《レイ》
□《げつようび》の□《ちょうれい》。

⑥ □寺《ひと(しい)》
□《なが》さが□《ひと》しい。

光村3年①

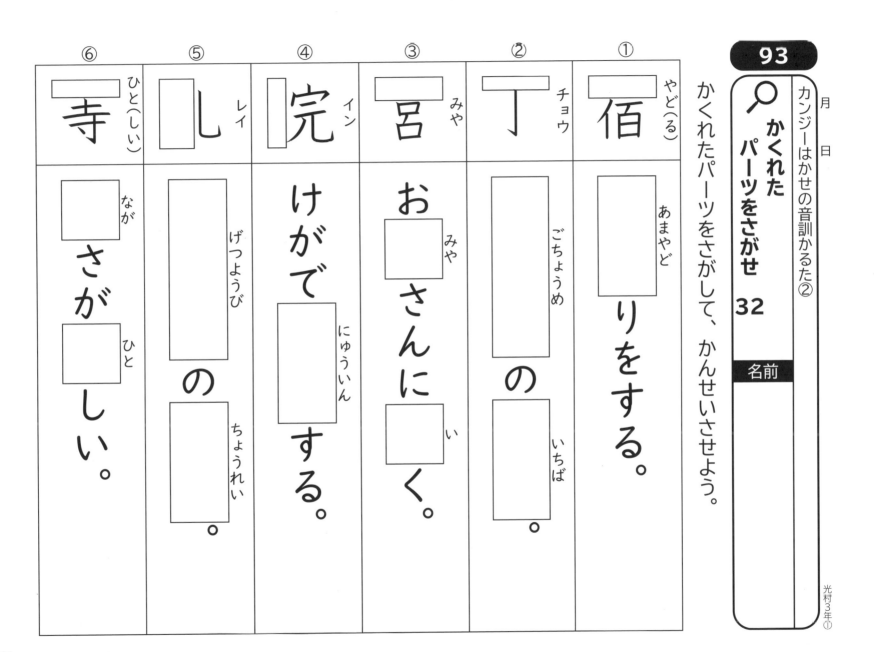

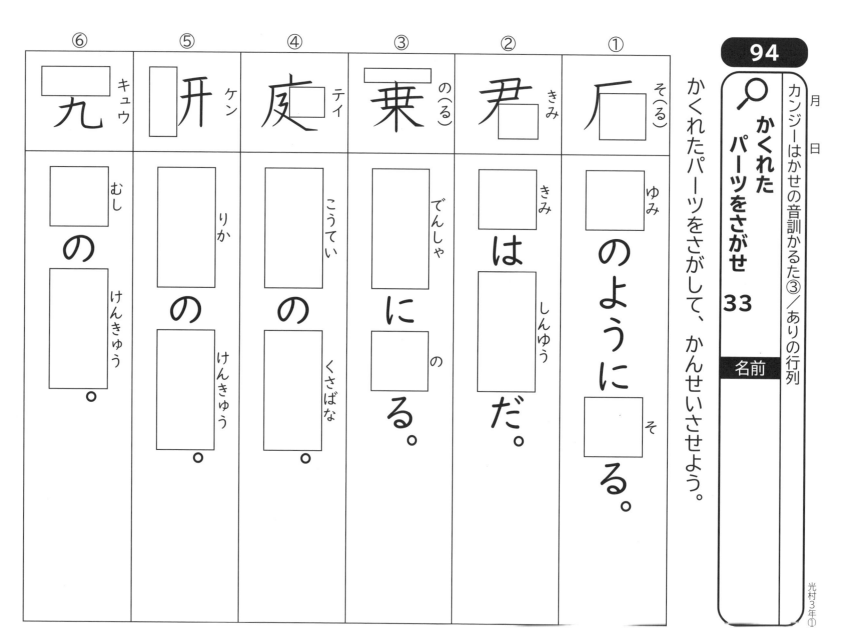

カンジーはかせの音訓かるた③／ありの行列

94

かくれたパーツをさがせ 33

名前

かくれたパーツをさがして、かんせいさせよう。

① □《そ(る)》
□《ゆみ》のように□《そ》る。

② □《きみ》
□《きみ》は□《しんゆう》だ。

③ □《の(る)》
□《でんしゃ》に□《の》る。

④ □《テイ》
□《こうてい》の□《くさばな》。

⑤ □《ケン》
□《りか》の□《けんきゅう》。

⑥ □《キュウ》
□《むし》の□《けんきゅう》。

つたわる言葉で表そう／たからじまのぼうけん／モチモチの木①

月　日

かくれたパーツをさがせ 34

名前

かくれたパーツをさがして、かんせいさせよう。

①	②	③	④	⑤
□丁　う(つ)	□受　う(ける)	鳥□　しま	辶□　お(う)	□夫　み
□《う》ち□《あ》げ□《はなび》。	□《ゆき》を□《て》で□《う》ける。	たから□《じま》の□《ちず》。	にげた□《ひと》を□《お》う。	□《くさ》の□《み》。

光村3年①

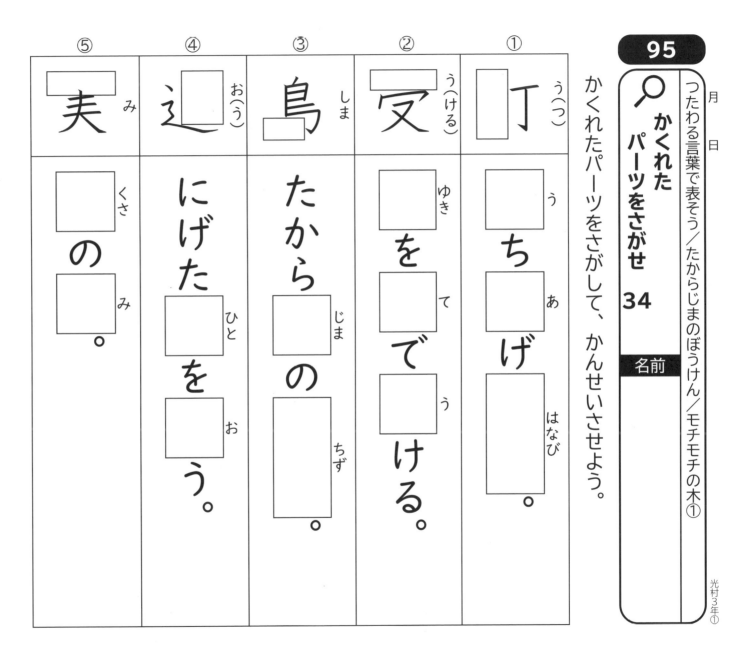

モチモチの木②

月　日

かくれたパーツをさがせ 35

名前

かくれたパーツをさがして、かんせいさせよう。

①
□申《シン》
□《しんわ》を□《き》く。

②
□相《はこ》
□《はこ》に□《え》を□《い》れる。

③
□昜《ゆ》
□《みず》をお□《ゆ》にする。

④
□也《ほか》
□《ほか》の□《ひと》の□《かんが》え。

⑤
□身《シン》
□《しんちょう》をはかる。

光村3年①

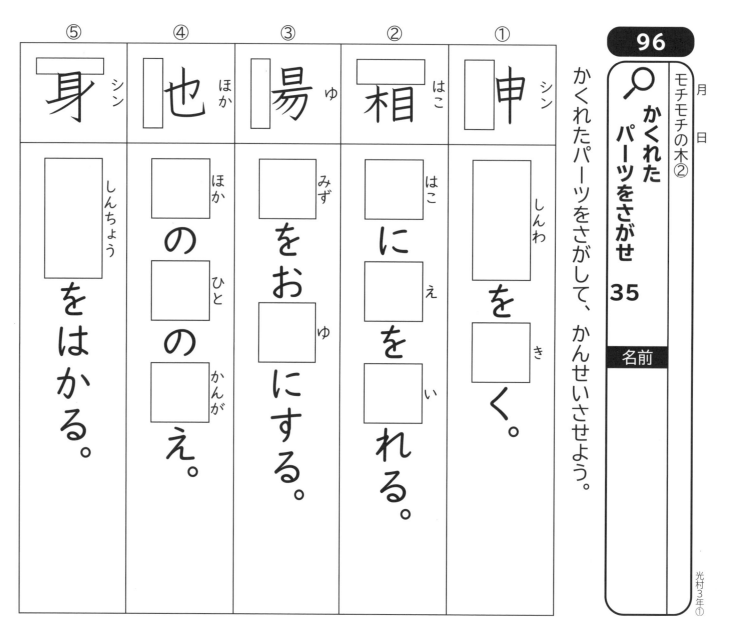

97

月　日

カンジーはかせの音訓かるた①

かん字足し算 24

名前

かん字の足し算をしよう。

① 巾 ＋ 巨 ＋ 以 ＝ □ → □

② 亻 ＋ 弋 ＝ □ → □

③ 冂冂 ＋ 一 ＋ 一 ＝ □ → □

④ 扌 ＋ 几 ＋ 又 ＝ □ → □

⑤ 山 ＋ 厂 ＋ 火 ＝ □ → □

⑥ ソ ＋ 三 ＋ 丨 ＝ □ → □

⑦ 宀 ＋ 亻 ＋ 百 ＝ □ → □

⑧ 一 ＋ 亅 ＝ □ → □

＊答えのかん字でことばを作ろう。

光村3年②

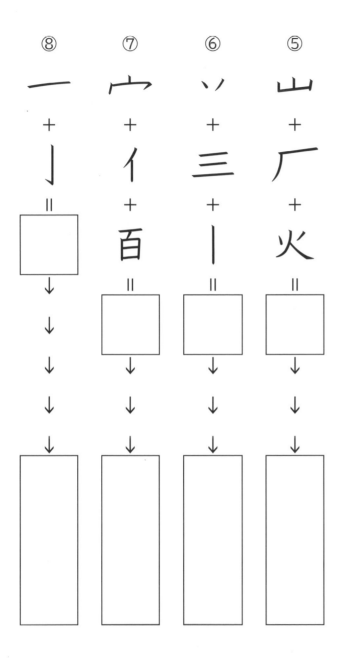

98

月　日

カンジーはかせの音訓かるた②

かん字足し算 25

名前

かん字の足し算をしよう。

＊答えのかん字でことばを作ろう。

① 宀＋口＋丿＋口＝□→□

② 卩＋宀＋元＝□→→→□

③ ネ＋し＝□→→→→□

④ 𥫗＋土＋寸＝□→→→□

⑤ 厂＋又＝□→→→→□

⑥ ヨ＋丿＋口＝□→→→□

⑦ 丿＋卄＋木＝□→→→□

光村3年②

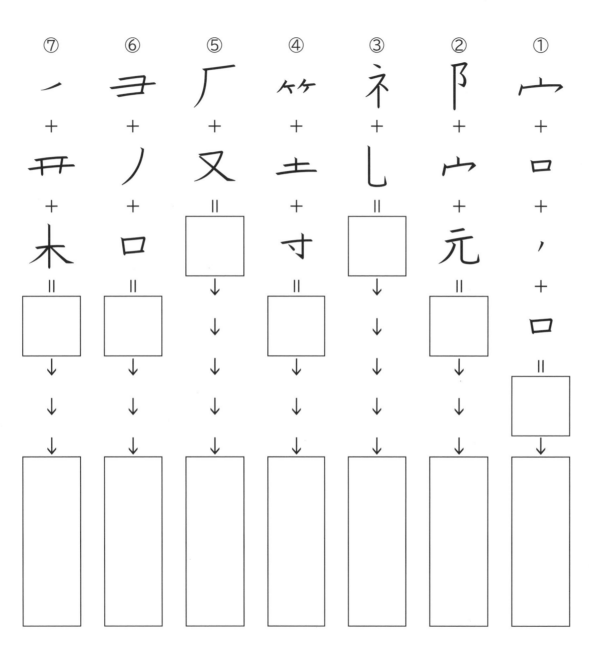

月　日

＋かん字足し算 26

ありの行列／つたわる言葉で表そう／たからじまのぼうけん

名前

光村3年②

かん字の足し算をしよう。

＊答えのかん字でことばを作ろう。

① 广 ＋ 壬 ＋ 廴 ＝ □ ↓ ↓ ↓ ↓ □

② 石 ＋ 开 ＝ □ ↓ ↓ ↓ ↓ ↓ □

③ 宀 ＋ 八 ＋ 九 ＝ □ ↓ ↓ ↓ ↓ □

④ 扌 ＋ 丁 ＝ □ ↓ ↓ ↓ ↓ ↓ □

⑤ 爫 ＋ 冖 ＋ 又 ＝ □ ↓ ↓ ↓ ↓ □

⑥ 自 ＋ フ ＋ 山 ＝ □ ↓ ↓ ↓ ↓ □

100

月　日

モチモチの木

＋かん字足し算 27

名前

かん字の足し算をしよう。

① 𠂤 ＋ 辶 ＝ □ → → → → □

② 宀 ＋ 三 ＋ 人 ＝ □ → → → □

③ 礻 ＋ 日 ＋ ｜ ＝ □ → → → □

④ ⺮ ＋ 木 ＋ 目 ＝ □ → → → □

⑤ 氵 ＋ 日 ＋ 勿 ＝ □ → → → □

⑥ 亻 ＋ 也 ＝ □ → → → → □

⑦ ノ ＋ 月 ＋ ノ ＝ □ → → → □

＊答えのかん字でことばを作ろう。

光村3年②

101

月　日

カンジーはかせの音訓かるた①

足りないのはどこ（形をよく見て）16

名前

足りないところを見つけて、正しく書こう。

① 口《にっ》記《き》帳《ちょう》 → □

② 時《じ》代《だい》 → □

③ 曰《きょく》線《せん》 → □

④ 扠《とう》書《しょ》 → □

⑤ 炭《すみ》人《び》 → □

⑥ 寸《こ》羊《ひつじ》 → □

⑦ 宿《しゅく》題《だい》 → □

⑧ 二《さん》丁《ちょう》口《め》 → □

⑨ 工《おう》宮《きゅう》 → □

⑩ 病《びょう》院《いん》 → □

⑪ 朝《ちょう》礼《れい》 → □

⑫ 等《とう》分《ぶん》 → □

光村3年③

102

月　日

カンジーはかせの音訓かるた②／ありの行列

足りないのはどこ（形をよく見て）17

名前

足りないところを見つけて、正しく書こう。

① 反《はん》発《ぱつ》 ↓ □

② 言《き》たち《み》 ↓ □

③ 乗《じょう》車《しゃ》 ↓ □

④ 校《こう》庭《てい》 ↓ □

⑤ 研《けん》究《きゅう》 ↓ □

⑥ 究《きゅう》めい ↓ □

光村3年③

103

月　日

つたわる言葉で表そう／たからじまのぼうけん／モチモチの木

足りないのはどこ（形をよく見て）18

名前

足りないところを見つけて、正しく書こう。

①　強打《きょうだ》

②　受話《じゅわ》き

③　半島《はんとう》

④　追い風《おいかぜ》

⑤　実る《みのる》

⑥　神様《かみさま》

⑦　木箱《きばこ》

⑧　湯気《ゆげ》

⑨　他人《たにん》

⑩　中身《なかみ》

光村3年③

月　日

カンジーはかせの音訓かるた①

かん字を入れよう 24

名前

文を読んで、ぴったりのかん字を入れよう。

① お父さんは、黒い手□に日記を書いている。

② 父から、子ども時□の話を聞いた。

③ 道が□がっているので、ハンドルを切った。

④ 右手で、ドッジボールを、思い切り□げる。

⑤ バーベキューをして、□火で肉をやく。

⑥ この毛糸は、□の毛から作られている。

⑦ かさがないので、のき下で雨□りをする。

⑧ ぼくの家は、二□目にあります。

ヒント　曲　丁　帳　羊　投　炭　宿　代

光村3年④

月　日

カンジーはかせの音訓かるた②

かん字を入れよう 25

名前

文を読んで、ぴったりのかん字を入れよう。

①赤ちゃんが、お□まいりに来ている。

②父がけがをして、入□することになった。

③「ありがとう」と、心をこめてお□を言った。

④スーパーのくじ引きで、一□が当たった。

⑤体そうで、体を後ろに□らす。

⑥ぼくが終わって、次は□の番です。

⑦父と自転車に□って、サイクリングをした。

ヒント　君　等　院　礼　乗　反　宮

光村3年④

月　日

ありの行列／つたわる言葉で表そう／たからじまのぼうけん

かん字を入れよう 26

名前

文を読んで、ぴったりのかん字を入れよう。

①家の□に、チューリップがさいた。

②お父さんは、地しんの□きゅうをしている。

③この大学では、こん虫のけん□をしている。

④バットで、思い切りボールを□った。

⑤父の投げたボールを、グローブで□けた。

⑥とうとう、たから□の地図を手に入れた。

ヒント　受　打　庭　究　島　研

光村3年④

107

月　日

モチモチの木

名前

かん字を入れよう 27

文を読んで、ぴったりのかん字を入れよう。

①犬が□いかけてきたので、走ってにげた。

②秋になると、木の□がたくさんなる。

③お正月は、近くの□社に、はつもうでに行く。

④ダンボールの□に、本をつめる。

⑤やかんでお□をわかして、お茶を入れる。

⑥では、□の人の考えも聞いてみましょう。

⑦ほけん室で、□長と体重をはかった。

ヒント　実　身　箱　湯　追　神　他

光村3年④

答え

（解答例）

1

どきん／春風をたどって①　月　日

かくれたパーツをさがせ　1

名前

かくれたパーツをさがして、かんせいさせよう。

① 詩《シ》　詩《し》を読《よ》む。

② 葉《は》　赤《あか》や黄色《きいろ》の葉《は》。

③ 習《シュウ》　文字《もじ》の学習《がくしゅう》。

④ 着《き(る)》　上着《うわぎ》を着《き》る。

⑤ 登《トウ》　元気《げんき》に登校《とうこう》する。

⑥ 物《もの》　海《うみ》の魚《さかな》の物語《ものがたり》。

光村3年①

2

春風をたどって②　月　日

かくれたパーツをさがせ　2

名前

かくれたパーツをさがして、かんせいさせよう。

① 持《も(つ)》　気持《きも》ちを考《かんが》える。

② 旅《リョ》　夏《なつ》の旅行《りょこう》。

③ 始《はじ(める)》　歩《ある》き始《はじ》める。

④ 進《すす(む)》　少《すこ》し前《まえ》へ進《すす》む。

⑤ 動《うご(く)》　大《おお》きな車《くるま》が動《うご》く。

⑥ 深《ふか(める)》　考《かんが》えを深《ふか》める。

光村3年①

3

春風をたどって③／としょかんたんていだん／国語辞典をつかおう①　月　日

かくれたパーツをさがせ　3

名前

かくれたパーツをさがして、かんせいさせよう。

① 様《ヨウ》　馬《うま》の様子《ようす》を見《み》る。

② 面《メン》　お面《めん》を作《つく》る。

③ 館《カン》　図書館《としょかん》の館長《かんちょう》。

④ 号《ゴウ》　長《なが》い電話《でんわ》番号《ばんごう》。

⑤ 調《しら(べる)》　書《か》き方《かた》を調《しら》べる。

⑥ 使《つか(う)》　弓矢《ゆみや》を使《つか》う。

光村3年①

4

国語辞典を使おう②　月　日

かくれたパーツをさがせ　4

名前

かくれたパーツをさがして、かんせいさせよう。

① 問《と(い)》　問《と》いに答《こた》える。

② 意《イ》　紙《かみ》を用意《ようい》する。

③ 味《ミ》　味方《みかた》の人数《にんずう》。

④ 湖《みずうみ》　湖《みずうみ》を船《ふね》で行《い》く。

⑤ 漢《カン》　漢字《かんじ》を書《か》く。

⑥ 由《ユウ》　自由《じゆう》に絵《え》をかく。

光村3年①

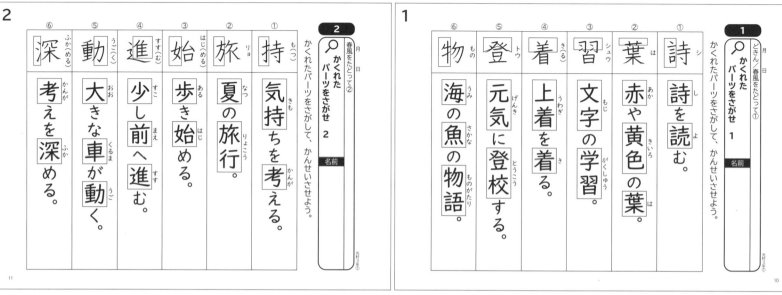

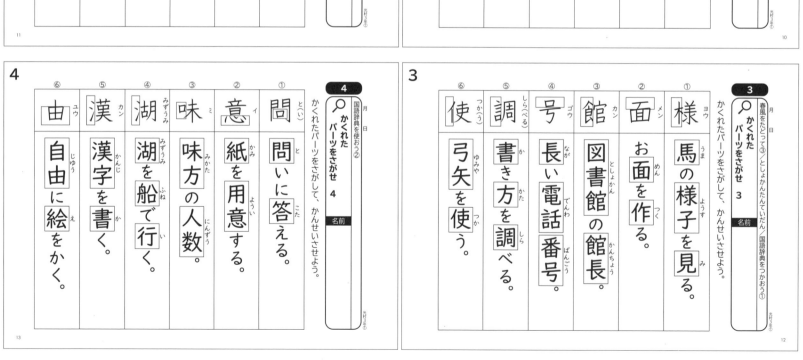

5

5 かくれたパーツをさがせ 5

月　日

国語辞典を使おう③

名前

かくれたパーツをさがして、かんせいさせよう。

① 温《あたた(かい)》
温《あたた》かい食《た》べ物《もの》。

② 酒《さけ》
米《こめ》から酒《さけ》を作《つく》る。

③ 題《ダイ》
新《あたら》しい本《ほん》の題名《だいめい》。

④ 発《ハツ》
電車《でんしゃ》が発車《はっしゃ》する。

⑤ 章《ショウ》
文章《ぶんしょう》を書《か》く。

⑥ 平《たい(ら)》
道《みち》を平《たい》らにする。

光村3年①

6

6 かくれたパーツをさがせ 6

月　日

もっと知りたい、友だちのこと

名前

かくれたパーツをさがして、かんせいさせよう。

① 決《き(める)》
行《い》き先《さき》を決《き》める。

② 事《こと》
出来事《できごと》を話《はな》す。

③ 落《お(とす)》
川《かわ》に石《いし》を落《お》とす。

④ 相《あい》
相手《あいて》の話《はなし》を聞《き》く。

⑤ 洋《ヨウ》
東洋《とうよう》の国《くに》。

⑥ 服《フク》
赤《あか》い色《いろ》の服《ふく》。

7

7 かくれたパーツをさがせ 7

月　日

漢字の音と訓①

名前

かくれたパーツをさがして、かんせいさせよう。

① 次《つぎ》
次《つぎ》の電車《でんしゃ》が来《く》る。

② 所《ショ》
広《ひろ》い場所《ばしょ》に立《た》つ。

③ 県《ケン》
県名《けんめい》を書《か》く。

④ 有《ユウ》
有名《ゆうめい》な画家《がか》。

⑤ 氷《こおり》
かき氷《ごおり》を食《た》べる。

⑥ 秒《ビョウ》
十秒《じゅうびょう》で走《はし》った。

光村3年①

8

8 かくれたパーツをさがせ 8

月　日

漢字の音と訓②／文様／こまを楽しむ／ぜん体と中心①

名前

かくれたパーツをさがして、かんせいさせよう。

① 農《ノウ》
りんご農家《のうか》。

② 仕《シ》
さい後《ご》の仕上《しあ》げ。

③ 球《キュウ》
地球上《ちきゅうじょう》の国《くに》。

④ 局《キョク》
女《おんな》の局長《きょくちょう》。

⑤ 全《ゼン》
全国《ぜんこく》地図《ちず》。

⑥ 遊《あそ(ぶ)》
公園《こうえん》で遊《あそ》ぶ。

光村3年①

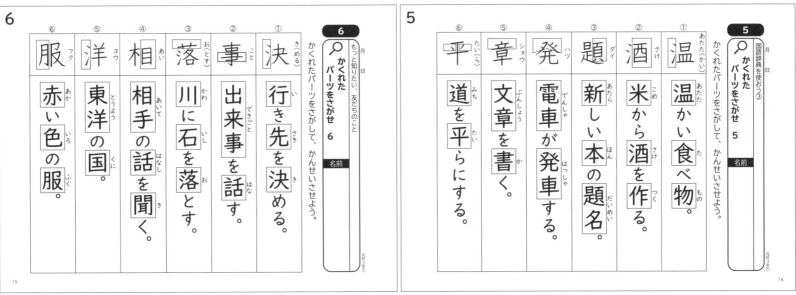

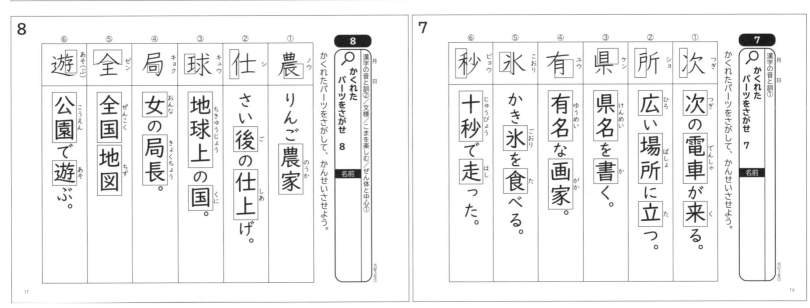

9

9 月 日 文様／こまを楽しむ／全体とちゅう心②

かくれたパーツをさがせ 9 名前

かくれたパーツをさがして、かんせいさせよう。

① 表 あらわ(す)　考《かんが》えを書《か》き表《あらわ》す。

② 昔 むかし　昔話《むかしばなし》を聞《き》く。

③ 世 よ　世《よ》の中《なか》を知《し》る。

④ 界 カイ　広《ひろ》い世界《せかい》。

⑤ 速 はや(い)　足《あし》が速《はや》い。

⑥ 横 よこ　お寺《てら》の横《よこ》の公園《こうえん》。

光村3年①

10

10 月 日 文様…③／き持ちをこめて、「来てください」①

かくれたパーツをさがせ 10 名前

かくれたパーツをさがして、かんせいさせよう。

① 指 ゆび　親指《おやゆび》の長《なが》さ。

② 鉄 テツ　地下鉄《ちかてつ》の入《い》り口《ぐち》。

③ 安 アン　元気《げんき》で安心《あんしん》した。

④ 定 さだ(まる)　人数《にんずう》が定《さだ》まる。

⑤ 運 ウン・はこ(ぶ)　運《うん》を運《はこ》ぶ鳥《とり》。

⑥ 予 ヨ　予《よ》げんが当《あ》たる。

光村3年①

11

11 月 日 気持ちをこめて、「来てください」②／まいごのかぎ①

かくれたパーツをさがせ 11 名前

かくれたパーツをさがして、かんせいさせよう。

① 送 おく(る)　友《とも》だちを送《おく》る。

② 住 す(む)　長年《ながねん》住《す》んだ家《いえ》。

③ 具 グ　家具《かぐ》を買《か》う。

④ 拾 ひろ(う)　道《みち》のごみを拾《ひろ》う。

⑤ 向 む(こう)　海《うみ》の向《む》こう。

⑥ 坂 さか　坂道《さかみち》を走《はし》り上《のぼ》る。

光村3年①

12

12 月 日 まいごのかぎ②

かくれたパーツをさがせ 12 名前

かくれたパーツをさがして、かんせいさせよう。

① 悲 かな(しい)　悲《かな》しい話《はなし》。

② 緑 みどり　緑《みどり》の山《やま》がつづく。

③ 開 カイ　十時《じゅうじ》に開店《かいてん》する。

④ 岸 ガン　海岸《かいがん》を毎朝《まいあさ》走《はし》る。

⑤ 路 ロ　電車《でんしゃ》の線路《せんろ》。

⑥ 感 カン　感心《かんしん》な行《おこな》い。

光村3年①

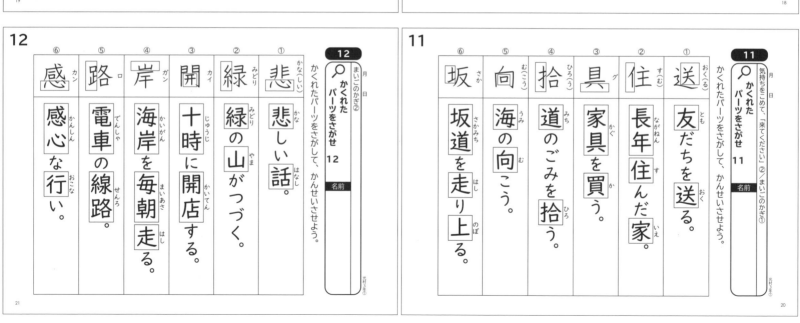

13

13 かくれたパーツをさがせ 13

まいごのかぎ③／俳句を楽しもう／こそあど言葉を使いこなそう①

月　日　名前

かくれたパーツをさがして、かんせいさせよう。

① 対《タイ》　はん対《たい》の考《かんが》え。

② 区《ク》　話《はなし》の区切《くぎ》り。

③ 陽《ヨウ》　太陽《たいよう》の光《ひかり》。

④ 整《セイ》　教室《きょうしつ》の整理《せいり》。

⑤ 部《ブ》　一部分《いちぶぶん》を食《た》べる。

⑥ 泳《およ(ぐ)》　池《いけ》で魚《さかな》が泳《およ》ぐ。

光村3年①

22

14

14 かくれたパーツをさがせ 14

こそあど言葉を使いこなそう②／仕事のくふう、見つけたよ①

月　日　名前

かくれたパーツをさがして、かんせいさせよう。

① 練《レン》　犬《いぬ》のくん練《れん》。

② 助《ジョ》　助言《じょげん》をうける。

③ 童《ドウ》　童話《どうわ》を読《よ》む。

④ 申《もう(す)》　名前《なまえ》を申《もう》す。

⑤ 品《ヒン》　作品《さくひん》を買《か》う。

⑥ 商《ショウ》　市場《いちば》で商売《しょうばい》する。

光村3年①

23

15

15 かくれたパーツをさがせ 15

仕事のくふう、見つけたよ②

月　日　名前

かくれたパーツをさがして、かんせいさせよう。

① 客《キャク》　客室《きゃくしつ》のそうじ。

② 式《シキ》　弟《おとうと》の入学式《にゅうがくしき》。

③ 去《さ(る)》　夏《なつ》がすぎ去《さ》る。

④ 倍《バイ》　百万倍《ひゃくまんばい》の力《ちから》。

⑤ 筆《ふで》　筆《ふで》で書《か》く。

⑥ 銀《ギン》　銀行《ぎんこう》に行《い》く。

光村3年①

24

16

16 かくれたパーツをさがせ 16

本で知ったことをクイズにしよう／とりになったきょうりゅうの話

月　日　名前

かくれたパーツをさがして、かんせいさせよう。

① 植《う(える)》　木《き》を植《う》える。

② 集《あつ(める)》　貝《かい》がらを集《あつ》める。

③ 化《カ》　文化《ぶんか》の日《ひ》。

④ 死《し(ぬ)》　小鳥《ことり》が死《し》んだ。

⑤ 都《ト》　京都《きょうと》のお寺《てら》。

光村3年①

25

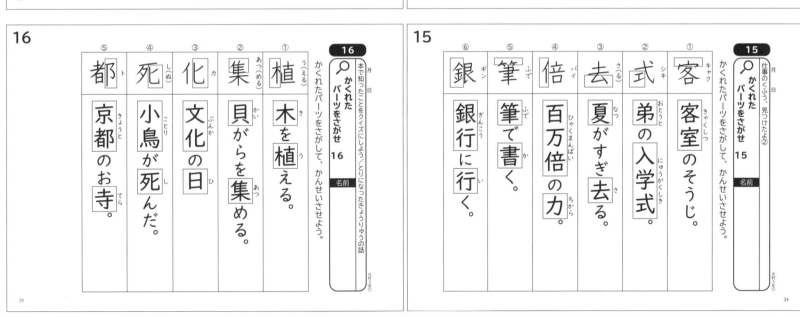

17

17

月 日

どきん／春風をたどって①

かん字足し算 1

名前

かん字の足し算をしよう。

*答えのかん字でことばを作ろう。

① 言＋土＋寸＝詩 → 作詩
② 艹＋世＋木＝葉 → 葉っぱ
③ 羽＋白＝習 → 習字
④ 𦍌＋ノ＋目＝着 → 上着
⑤ 癶＋一＋口＋䒑＝登 → 登場
⑥ 牛＋勿＝物 → 人物
⑦ 扌＋土＋寸＝持 → 気持ち
⑧ 方＋𠂉＋イ＋く＝旅 → 旅人

光村3年②

26

18

18

月 日

春風をたどって②／図書かんたんていだん①

かん字足し算 2

名前

かん字の足し算をしよう。

*答えのかん字でことばを作ろう。

① 女＋ム＋口＝始 → 年始
② 隹＋辶＝進 → 前進
③ 重＋力＝動 → 自動車
④ 氵＋冖＋儿＋木＝深 → 水深
⑤ 木＋ソ＋三＋水＝様 → 王様
⑥ 丆＋冂＋目＋一＝面 → 場面
⑦ 食＋宀＋㠯＝館 → 古い館
⑧ 口＋一＋ㄅ＝号 → 記号

光村3年②

27

19

19

月 日

図書館たんていだん②／国語辞典をつかおう①

かん字足し算 3

名前

かん字の足し算をしよう。

*答えのかん字でことばを作ろう。

① 言＋冂＋土＋口＝調 → 調理
② イ＋一＋口＋乂＝使 → 天使
③ 門＋口＝問 → 学問
④ 立＋日＋心＝意 → 用意
⑤ 口＋未＝味 → 味見
⑥ 氵＋古＋月＝湖 → 湖水
⑦ 氵＋艹＋口＋夫＝漢 → 漢字
⑧ 冂＋土＝由 → 理由

光村3年②

28

20

20

月 日

国語辞典を使おう②／もっと知りたい、友だちのこと①

かん字足し算 4

名前

かん字の足し算をしよう。

*答えのかん字でことばを作ろう。

① 氵＋日＋皿＝温 → 気温
② 氵＋酉＝酒 → 日本酒
③ 日＋疋＋頁＝題 → 話題
④ 癶＋二＋儿＝発 → 発車
⑤ 立＋日＋十＝章 → 文章
⑥ 一＋丷＋十＝平 → 平原
⑦ 氵＋コ＋人＝決 → 決心
⑧ 一＋口＋ヨ＋亅＝事 → 工事

光村3年②

29

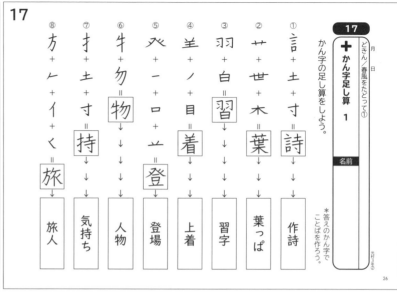

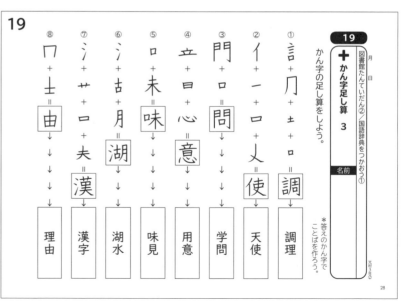

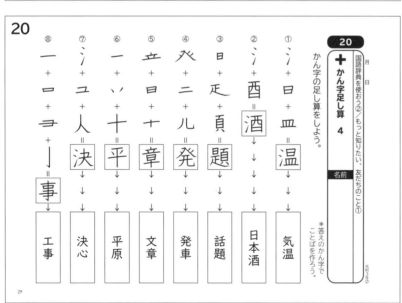

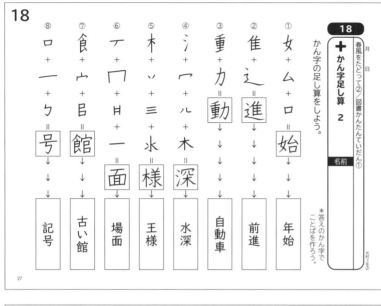

21

21 ＋かん字足し算 5

もっと知りたい、友だちのこと②／漢字の音と訓①

月　日

名前

かん字の足し算をしよう。

① 艹＋氵＋夂＋口＝落 → 落下
② 木＋目＝相 → 手相
③ 氵＋丷＋手＝洋 → 洋室
④ 月＋卩＋又＝服 → 学生服
⑤ 冫＋欠＝次 → 次回
⑥ 戸＋斤＝所 → 台所
⑦ 目＋乚＋小＝県 → 石川県
⑧ ノ＋一＋月＝有 → 有名

＊答えのかん字でことばを作ろう。

光村3年②

22

22 ＋かん字足し算 6

漢字の音と訓②／文様／こまを楽しむ／ぜん体と中心①

月　日

名前

かん字の足し算をしよう。

① 亅＋丶＋ㇷく＝氷 → 氷水
② 禾＋小＋ノ＝秒 → 毎秒
③ 曲＋厂＋𠂠＝農 → 農家
④ 亻＋士＝仕 → 仕組み
⑤ 王＋求＝球 → 地球
⑥ 尸＋㇆＋口＝局 → 局長
⑦ 人＋王＝全 → 全体
⑧ 方＋𠂉＋子＋辶＝遊 → 遊園地

＊答えのかん字でことばを作ろう。

光村3年②

23

23 ＋かん字足し算 7

文様／こまを楽しむ／全体と中心②

月　日

名前

かん字の足し算をしよう。

① 龶＋𧘇＝表 → 表紙
② 龷＋日＝昔 → 昔話
③ 一＋凵＋乚＝世 → 世話
④ 田＋人＋川＝界 → げん界
⑤ 束＋辶＝速 → 時速
⑥ 木＋龷＋由＋八＝横 → 横顔
⑦ 扌＋匕＋日＝指 → 親指
⑧ 金＋失＝鉄 → 鉄道

＊答えのかん字でことばを作ろう。

光村3年②

24

24 ＋かん字足し算 8

文様…③／気持ちをこめて、「来てください」／まいごのかぎ①

月　日

名前

かん字の足し算をしよう。

① 宀＋女＝安 → 安全
② 宀＋疋＝定 → 定食
③ 冖＋車＋辶＝運 → 運動
④ マ＋㇇＋亅＝予 → 予定
⑤ 关＋辶＝送 → 見送る
⑥ 亻＋丶＋王＝住 → 住人
⑦ 目＋一＋八＝具 → 絵の具
⑧ 扌＋人＋一＋口＝拾 → 拾う

＊答えのかん字でことばを作ろう。

光村3年②

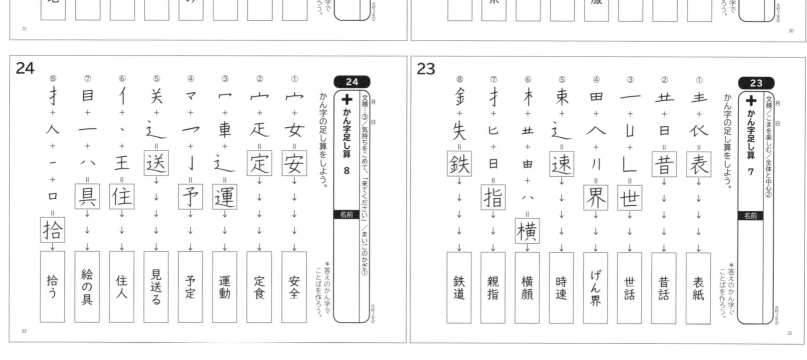

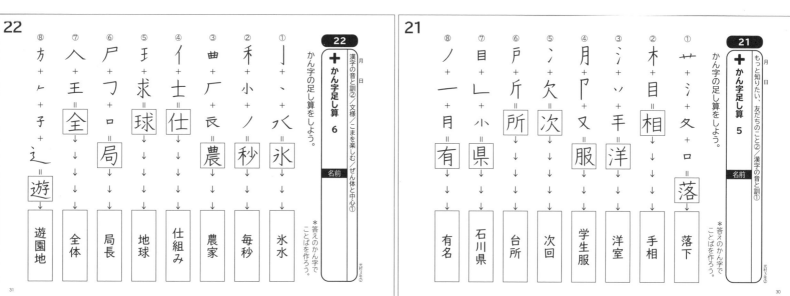

25

月　日

まいごのかぎ②

かん字足し算 9

名前

かん字の足し算をしよう。

①　ノ＋冂＋口＝向 → 方向
②　土＋厂＋又＝坂 → 下り坂
③　非＋心＝悲 → 悲しむ
④　糸＋ヨ＋水＝緑 → 緑茶
⑤　門＋开＝開 → 開店
⑥　山＋厂＋干＝岸 → 川岸
⑦　⻊＋夂＋口＝路 → 線路
⑧　咸＋心＝感 → 感心

＊答えのかん字でことばを作ろう。

光村3年②

26

月　日

まいごのかぎ③／俳句を楽しもう／こそあど言葉を使いこなそう①

かん字足し算 10

名前

かん字の足し算をしよう。

①　亠＋メ＋寸＝対 → 対話
②　一＋メ＋L＝区 → 地区
③　阝＋日＋昜＝陽 → 太陽
④　束＋攵＋正＝整 → 整理
⑤　立＋口＋阝＝部 → 全部
⑥　氵＋丶＋水＝泳 → 水泳
⑦　糸＋東＝練 → 練習
⑧　且＋力＝助 → 助言

＊答えのかん字でことばを作ろう。

光村3年②

27

月　日

こそあど言葉を使いこなそう②／仕事のくふう、見つけたよ①

かん字足し算 11

名前

かん字の足し算をしよう。

①　立＋曰＋土＝童 → 童話
②　日＋｜＝申（別解　由） → 申し出
③　口＋口＋口＝品 → 作品
④　产＋儿＋口＝商 → 商売
⑤　宀＋夂＋口＝客 → 客室
⑥　一＋エ＋㇂＝式 → 式場
⑦　土＋ム＝去 → 去年
⑧　亻＋立＋口＝倍 → 十倍

＊答えのかん字でことばを作ろう。

光村3年②

28

月　日

仕事のくふう、見つけたよ②～鳥になったきょうりゅうの話

かん字足し算 12

名前

かん字の足し算をしよう。

①　⺮＋ヨ＋二＋｜＝筆 → 筆記
②　金＋艮＝銀 → 銀色
③　木＋十＋目＋L＝植 → 植物
④　隹＋木＝集 → 集中
⑤　亻＋匕＝化 → 化学
⑥　一＋夕＋匕＝死 → 生死
⑦　土＋ノ＋日＋阝＝都 → 都会

＊答えのかん字でことばを作ろう。

光村3年②

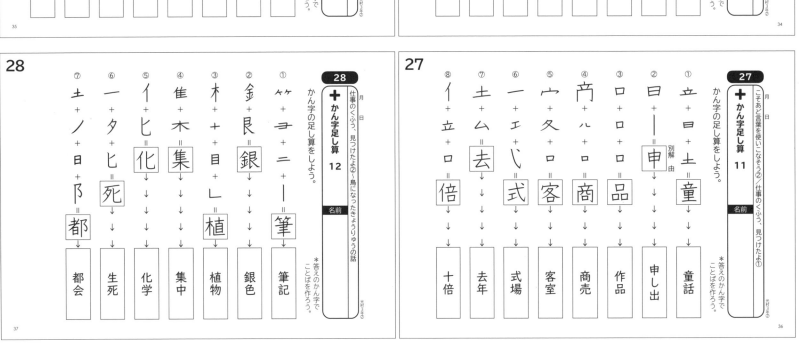

29

月　日

どきん／春風をたどって①

足りないのはどこ（形をよく見て）1

名前

足りないところを見つけて、正しく書こう。

① 作《さく》詩《し》 → 作詩
② 葉《は》っぱ → 葉っぱ
③ 習《しゅう》字《じ》 → 習字
④ 上《うわ》着《ぎ》 → 上着
⑤ 登《とう》場《じょう》 → 登場
⑥ 人《じん》物《ぶつ》 → 人物
⑦ 気《き》持《も》ち → 気持ち
⑧ 旅《たび》人《びと》 → 旅人
⑨ 年《ねん》始《し》 → 年始
⑩ 前《ぜん》進《しん》 → 前進
⑪ 自《じ》動《どう》車《しゃ》 → 自動車
⑫ 水《すい》深《しん》 → 水深

光村3年③

38

30

月　日

春風をたどって②／図書かんたんていだん／国語辞典をつかおう①

足りないのはどこ（形をよく見て）2

名前

足りないところを見つけて、正しく書こう。

① 王《おう》様《さま》 → 王様
② 場《ば》面《めん》 → 場面
③ 古《ふる》い館《やかた》 → 古い館
④ 記《き》号《ごう》 → 記号
⑤ 調《ちょう》理《り》 → 調理
⑥ 天《てん》使《し》 → 天使
⑦ 学《がく》問《もん》 → 学問
⑧ 用《よう》意《い》 → 用意
⑨ 味《あじ》見《み》 → 味見
⑩ 湖《こ》水《すい》 → 湖水
⑪ 漢《かん》字《じ》 → 漢字
⑫ 理《り》由《ゆう》 → 理由

光村3年③

39

31

月　日

国語辞典を使おう②／もっと知りたい、友だちのこと

足りないのはどこ（形をよく見て）3

名前

足りないところを見つけて、正しく書こう。

① 気《き》温《おん》 → 気温
② 日《に》本《ほん》酒《しゅ》 → 日本酒
③ 話《わ》題《だい》 → 話題
④ 発《はっ》車《しゃ》 → 発車
⑤ 文《ぶん》章《しょう》 → 文章
⑥ 平《へい》原《げん》 → 平原
⑦ 決《けっ》心《しん》 → 決心
⑧ 工《こう》事《じ》 → 工事
⑨ 落《らっ》下《か》 → 落下
⑩ 手《て》相《そう》 → 手相
⑪ 洋《よう》室《しつ》 → 洋室
⑫ 学《がく》生《せい》服《ふく》 → 学生服

光村3年③

40

32

月　日

漢字の音と訓／文様／こまを楽しむ／ぜんたいと中心①

足りないのはどこ（形をよく見て）4

名前

足りないところを見つけて、正しく書こう。

① 次《じ》回《かい》 → 次回
② 台《だい》所《どころ》 → 台所
③ 石《いし》川《かわ》県《けん》 → 石川県
④ 有《ゆう》名《めい》 → 有名
⑤ 氷《こおり》水《みず》 → 氷水
⑥ 毎《まい》秒《びょう》 → 毎秒
⑦ 農《のう》家《か》 → 農家
⑧ 仕《し》組《く》み → 仕組み
⑨ 地《ち》球《きゅう》 → 地球
⑩ 局《きょく》長《ちょう》 → 局長
⑪ 全《ぜん》体《たい》 → 全体
⑫ 遊《ゆう》園《えん》地《ち》 → 遊園地

光村3年③

41

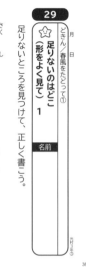

33

月　日

文様／こまを楽しむ／全体と中心②／気持ちをこめて、「来てください」①

足りないのはどこ（形をよく見て）5

名前

足りないところを見つけて、正しく書こう。

① 表《ひょう》紙《し》 → 表紙
② 昔《むかし》話《ばなし》 → 昔話
③ 世《せ》話《わ》 → 世話
④ げん界《かい》 → げん界
⑤ 時《じ》速《そく》 → 時速
⑥ 横《よこ》顔《がお》 → 横顔
⑦ 親《おや》指《ゆび》 → 親指
⑧ 鉄《てつ》道《どう》 → 鉄道
⑨ 安《あん》全《ぜん》 → 安全
⑩ 定《てい》食《しょく》 → 定食
⑪ 運《うん》動《どう》 → 運動
⑫ 予《よ》定《てい》 → 予定

光村3年③

34

月　日

気持ちをこめて、「来てください」②／まいごのかぎ①

足りないのはどこ（形をよく見て）6

名前

足りないところを見つけて、正しく書こう。

① 見《み》送《おく》る → 見送る
② 住《じゅう》人《にん》 → 住人
③ 絵《え》の具《ぐ》 → 絵の具
④ 拾《ひろ》う → 拾う
⑤ 方《ほう》向《こう》 → 方向
⑥ 下《くだ》り坂《ざか》 → 下り坂
⑦ 悲《かな》しむ → 悲しむ
⑧ 緑《りょく》茶《ちゃ》 → 緑茶
⑨ 開《かい》店《てん》 → 開店
⑩ 川《かわ》岸《ぎし》 → 川岸
⑪ 線《せん》路《ろ》 → 線路
⑫ 感《かん》心《しん》 → 感心

35

月　日

まいごのかぎ②〜仕事のくふう、見つけたよ①

足りないのはどこ（形をよく見て）7

名前

足りないところを見つけて、正しく書こう。

① 対《たい》話《わ》 → 対話
② 地《ち》区《く》 → 地区
③ 太《たい》陽《よう》 → 太陽
④ 整《せい》理《り》 → 整理
⑤ 全《ぜん》部《ぶ》 → 全部
⑥ 水《すい》泳《えい》 → 水泳
⑦ 練《れん》習《しゅう》 → 練習
⑧ 助《じょ》言《げん》 → 助言
⑨ 童《どう》話《わ》 → 童話
⑩ 申《もう》し出《で》 → 申し出
⑪ 作《さく》品《ひん》 → 作品
⑫ 商《しょう》売《ばい》 → 商売

光村3年③

36

月　日

仕事のくふう、見つけたよ②〜鳥になったきょうりゅうの話

足りないのはどこ（形をよく見て）8

名前

足りないところを見つけて、正しく書こう。

① 客《きゃく》室《しつ》 → 客室
② 式《しき》場《じょう》 → 式場
③ 去《きょ》年《ねん》 → 去年
④ 十《じゅう》倍《ばい》 → 十倍
⑤ 筆《ひっ》記《き》 → 筆記
⑥ 銀《ぎん》色《いろ》 → 銀色
⑦ 植《しょく》物《ぶつ》 → 植物
⑧ 集《しゅう》中《ちゅう》 → 集中
⑨ 化《か》学《がく》 → 化学
⑩ 生《せい》死《し》 → 生死
⑪ 都《と》会《かい》 → 都会

37

37 かん字を入れよう 1
どきん／春風をたどって①
月 日 名前

文を読んで、ぴったりのかん字を入れよう。

①ゆう名な人の詩を、ろう読する。
②秋になると、木の葉が、赤や黄色に色づく。
③新しいかん字を、二つ習いました。
④あせをかいたら、ふくを着がえましょう。
⑤サルが、高い木に登っている。
⑥かなしい物語を読んで、なみだが出た。
⑦りょう手に、大きなかばんを持って歩く。
⑧夏休みに、家ぞく四人で旅行に行った。

ヒント 習 持 旅 詩 物 着 登 葉

光村3年④ 46

38

38 かん字を入れよう 2
春風をたどって②／図書かんたんていだん①
月 日 名前

文を読んで、ぴったりのかん字を入れよう。

①今日から、新しいアニメが始まる。
②音楽が鳴ったら、前に進みましょう。
③しんごうがかわって、車が動き出した。
④せん水かんが、深い海にもぐる。
⑤どろぼうが、あたりの様子をうかがう。
⑥まめまきで、おにのお面を作る。
⑦休みの日に、図書館で本をかりる。
⑧家の電話番号をわすれてしまった。

ヒント 動 館 様 始 進 面 号 深

光村3年④ 47

39

39 かん字を入れよう 3
図書館たんていだん②／国語辞典をつかおう①
月 日 名前

文を読んで、ぴったりのかん字を入れよう。

①日曜日の天気を調べてみよう。
②「星空」という言葉を使って、文を書く。
③もんだいの、問いに答えましょう。
④大そうじは、意外にたいへんだった。
⑤母が、りょう理の味をみる。
⑥「びわこ」は、日本で一番大きい湖です。
⑦きのうの漢字テストは、百点だった。
⑧すきな色で、自由にかきましょう。

ヒント 使 味 由 意 湖 問 調 漢

光村3年④ 48

40

40 かん字を入れよう 4
国語辞典を使おう②／もっと知りたい、友だちのこと①
月 日 名前

文を読んで、ぴったりのかん字を入れよう。

①母が、温かいココアを出してくれた。
②父が、お酒をのんでよっぱらった。
③作文のはじめには、まず題名を書く。
④時間がきて、電車が発車します。
⑤読む人に、分かりやすい文章を書く。
⑥一りん車は、平らな場しょでれん習する。
⑦せきがえをして、新しいせきを決めた。
⑧この先で、どうろ工事をしている。

ヒント 題 決 発 平 温 章 事 酒

光村3年④ 49

41

41 かん字を入れよう 5

もっと知りたい、友だちのこと②／漢字の音と訓①

月　日　名前

文を読んで、ぴったりのかん字を入れよう。

① おつかいに行って、さいふを落とした。
② おばあさんの話し相手になる。
③ お気に入りの洋ふくを着て出かける。
④ 兄が、中学校のせい服を買いに行く。
⑤ のりおくれたので、次の電車をまちました。
⑥ そこは、けしきがきれいな場所だった。
⑦ 青森県では、リンゴがたくさんとれる。
⑧ あの人は、とても有名な人だ。

ヒント　県　相　次　服　有　落　洋　所

光村3年④

42

42 かん字を入れよう 6

漢字の音と訓②／文様／こまを楽しむ／ぜん体と中心①

月　日　名前

文を読んで、ぴったりのかん字を入れよう。

① 夏に食べるかき氷は、つめたくておいしい。
② 五十メートルを、十秒で走った。
③ お米を作る農家の人の話を聞く。
④ 工作の、さい後の仕上げをする。
⑤ ぼくは、少年野球のピッチャーをしている。
⑥ はがきを買いに、ゆうびん局に行く。
⑦ この町のことを全く知りません。
⑧ ぼくは、きのう、公園で遊びました。

ヒント　遊　局　氷　秒　農　全　球　仕

光村3年④

43

43 かん字を入れよう 7

文様／こまを楽しむ／全体と中心②

月　日　名前

文を読んで、ぴったりのかん字を入れよう。

① 紙のうらと表に、ちがう絵をかく。
② きょうりゅうは、大昔には、日本にもいた。
③ かっている犬の世話を、毎日する。
④ もうこれが、がまんのげん界です。
⑤ 新かん線は、スピードが速くてべんりだ。
⑥ つかれたので、ベッドで横になる。
⑦ ドッジボールで、つき指をした。
⑧ 公園の鉄ぼうで、さか上がりをする。

ヒント　横　表　指　世　昔　界　速　鉄

光村3年④

44

44 かん字を入れよう 8

文様…③／気持ちをこめて、「来てください」／まいごのかぎ①

月　日　名前

文を読んで、ぴったりのかん字を入れよう。

① あの店は、ねだんが安くておいしい。
② 来週のよ定をれんらくします。
③ 大きなつくえを、二人で運んだ。
④ 先生から、来週の予ていを聞いた。
⑤ てん校する友だちを、手をふって見送った。
⑥ おじいさんは、古い家に住んでいます。
⑦ 遠足で、雨具をわすれて、ずぶぬれになった。
⑧ 公園のごみを拾って、ごみばこに入れる。

ヒント　運　安　具　拾　住　定　予　送

光村3年④

45

月　日

まいごのかぎ②

かん字を入れよう 9

名前

文を読んで、ぴったりのかん字を入れよう。

①左を見てから、右を向いてください。

②きゅうな坂道を、歩いて上る。

③かっていた犬がいなくなり、とても悲しい。

④秋には、緑色の山が、赤や黄色に色づきます。

⑤エレベーターのドアが開きました。

⑥たいふうで、大きなみが海岸にうちよせる。

⑦汽車がけむりをはいて、線路を走っている。

⑧本を読んで、感そう文を書く。

ヒント　坂　開　悲　路　岸　緑　感　向

光村3年④

46

月　日

まいごのかぎ③／俳句を楽しもう／こそあど言葉を使いこなそう①

かん字を入れよう 10

名前

文を読んで、ぴったりのかん字を入れよう。

①サッカーで、ライバルチームと対決する。

②引き出しの中を区切って、分ける。

③夕方、太陽が西の山にしずむ。

④ちらかった、つくえの上の本を整理する。

⑤中学校のクラブは、サッカー部に入りたい。

⑥水そうで、ジンベイザメが泳いでいる。

⑦一りん車の練習をしていて、ころんだ。

⑧おぼれている人を、みんなで助けた。

ヒント　部　陽　区　泳　対　整　練　助

光村3年④

47

月　日

こそあど言葉を使いこなそう②／仕事のくふう、見つけたよ①

かん字を入れよう 11

名前

文を読んで、ぴったりのかん字を入れよう。

①キツネの親子の、童話を読んだ。

②スポーツクラブへ、にゅう会を申しこむ。

③トランプで、手品をやって見せる。

④お店のたなに、商ひんをならべました。

⑤スーパーのお客さんが、レジにならぶ。

⑥六年生のそつぎょう式は、三月です。

⑦この夏は、去年にくらべてすずしかった。

⑧このひもは、こちらの二倍の長さがある。

ヒント　客　品　倍　商　童　式　申　去

光村3年④

48

月　日

仕事のくふう、見つけたよ②／鳥になったきょうりゅうの話

かん字を入れよう 12

名前

文を読んで、ぴったりのかん字を入れよう。

①えんぴつを三本、筆ばこに入れる。

②母が、銀行にお金をあずけに行く。

③ここには、めずらしい木が植えてある。

④たくさんの人が公園に集まっています。

⑤きょうりゅうのほねの化石を見つけた。

⑥クラスでかっていたメダカが死んでしまった。

⑦ならや、京都には、古いお寺が多い。

ヒント　集　銀　死　植　都　筆　化

光村3年④

49

49 わたしと小鳥とすずと～ポスターを読もう　月　日

かくれたパーツをさがせ 17　名前

かくれたパーツをさがして、かんせいさせよう。

① 両《リョウ》　両手《りょうて》を広《ひろ》げる。

② 負《ま(ける)》　強《つよ》い人《ひと》が負《ま》ける。

③ 係《かかり》　図書係《としょがかり》になる。

④ 員《イン》　会員《かいいん》の名前《なまえ》。

⑤ 祭《まつ(り)》　地元《じもと》の秋祭《あきまつ》り。

光村3年①

50

50 書くことを考えるときは／漢字のくみたて①　月　日

かくれたパーツをさがせ 18　名前

かくれたパーツをさがして、かんせいさせよう。

① 業《ギョウ》　組《く》み立《た》て作業《さぎょう》。

② 板《いた》　板《いた》を半分《はんぶん》に切《き》る。

③ 柱《はしら》　柱《はしら》を立《た》てる。

④ 油《あぶら》　油絵《あぶらえ》をかく。

⑤ 港《みなと》　港町《みなとまち》の絵《え》をかく。

光村3年①

51

51 漢字の組み立て②　月　日

かくれたパーツをさがせ 19　名前

かくれたパーツをさがして、かんせいさせよう。

① 薬《くすり》　白《しろ》い色《いろ》の薬《くすり》。

② 笛《ふえ》　口笛《くちぶえ》が聞《き》こえる。

③ 注《チュウ》　注文《ちゅうもん》が多《おお》い。

④ 悪《わる(い)》　顔色《かおいろ》が悪《わる》い。

⑤ 者《もの》　学校《がっこう》の人気者《にんきもの》。

光村3年①

52

52 漢字の組み立て③／ローマ字　月　日

かくれたパーツをさがせ 20　名前

かくれたパーツをさがして、かんせいさせよう。

① 勝《か(つ)》　弱《よわ》い人《ひと》が勝《か》つ。

② 庫《コ》　金庫《きんこ》の中《なか》の大金《たいきん》。

③ 波《なみ》　海《うみ》が波立《なみだ》つ。

④ 放《はな(す)》　空《そら》に鳥《とり》を放《はな》す。

⑤ 勉《ベン》　国語《こくご》の勉強《べんきょう》。

光村3年①

53

月　日

ちいちゃんのかげおくり①

かくれたパーツをさがせ 21

名前

かくれたパーツをさがして、かんせいさせよう。

① 想（ソウ）　感想《かんそう》を言《い》う。

② 写（うつ(す)）　お手本《てほん》を写《うつ》す。

③ 真（ま）　真夜中《まよなか》の公園《こうえん》。

④ 列（レツ）　長《なが》い行列《ぎょうれつ》。

⑤ 血（ケツ）　けがで出血《しゅっけつ》する。

⑥ 暗（くら(い)）　暗《くら》い夜《よる》になる。

光村3年①

54

月　日

ちいちゃんのかげおくり②

かくれたパーツをさがせ 22

名前

かくれたパーツをさがして、かんせいさせよう。

① 橋（はし）　石橋《いしばし》をわたる。

② 暑（あつ(い)）　南《みなみ》の国《くに》は暑《あつ》い。

③ 寒（さむ(い)）　北国《きたぐに》の冬《ふゆ》は寒《さむ》い。

④ 軽（かる(い)）　軽《かる》い羽《はね》がとぶ。

⑤ 命（いのち）　命《いのち》を大切《たいせつ》にする。

⑥ 第（ダイ）　はじめの第一歩《だいいっぽ》。

光村3年①

55

月　日

修飾語を使って書こう①

かくれたパーツをさがせ 23

名前

かくれたパーツをさがして、かんせいさせよう。

① 返（かえ(す)）　本《ほん》を返《かえ》す。

② 主（シュ）　お話《はなし》の主人公《しゅじんこう》。

③ 州（シュウ）　九州《きゅうしゅう》に船《ふね》で行《い》く。

④ 屋（オク）　学校《がっこう》の屋上《おくじょう》。

⑤ 根（ね）　木《き》の根元《ねもと》を切《き》る。

⑥ 荷（に）　荷車《にぐるま》で運《はこ》ぶ。

光村3年①

56

月　日

修飾語を使って書こう②／すがたをかえるだいず①

かくれたパーツをさがせ 24

名前

かくれたパーツをさがして、かんせいさせよう。

① 守（まも(る)）　時間《じかん》を守《まも》る。

② 役（ヤク）　後《あと》で役立《やくだ》つ。

③ 豆（ズ）　大豆《だいず》を食《た》べる。

④ 育（そだ(つ)）　元気《げんき》に育《そだ》つ。

⑤ 消（き(える)）　火《ひ》が消《き》える。

⑥ 取（と(る)）　先《さき》に点《てん》を取《と》る。

光村3年①

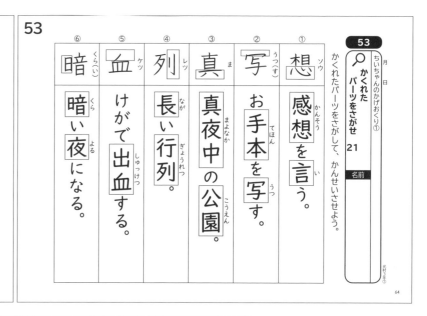

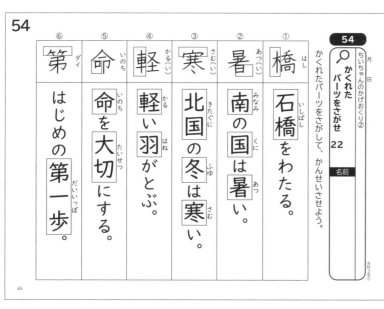

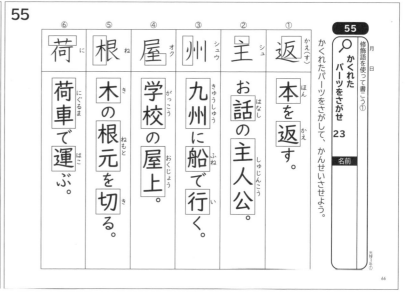

57

57 すがたをかえる大豆②／ことわざ・故事成語①

かくれたパーツをさがせ 25

月　日　名前

かくれたパーツをさがして、かんせいさせよう。

① 期《キ》　長《なが》い期間《きかん》。

② 畑《はたけ》　花畑《はなばたけ》が広《ひろ》がる。

③ 終《お(わる)》　夏休《なつやす》みが終《お》わる。

④ 福《フク》　福引《ふくび》きで当《あ》たる。

⑤ 急《いそ(ぐ)》　学校《がっこう》に急《いそ》ぐ。

⑥ 起《お(こす)》　母《はは》が弟《おとうと》を起《お》こす。

光村3年①

58

58 ことわざ・故事成語②／漢字の意味①

かくれたパーツをさがせ 26

月　日　名前

かくれたパーツをさがして、かんせいさせよう。

① 苦《ク》　苦心《くしん》して作《つく》る。

② 待《ま(つ)》　待合室《まちあいしつ》で待《ま》つ。

③ 談《ダン》　校長《こうちょう》先生の談話《だんわ》。

④ 鼻《はな》　鼻水《はなみず》が出《で》る。

⑤ 歯《は》　虫歯《むしば》がいたい。

⑥ 央《オウ》　紙《かみ》の中央《ちゅうおう》に書《か》く。

光村3年①

59

59 漢字の意味②

かくれたパーツをさがせ 27

月　日　名前

かくれたパーツをさがして、かんせいさせよう。

① 階《カイ》　二階《にかい》だてバス

② 委《イ》　図書《としょ》委員《いいん》

③ 級《キュウ》　学級《がっきゅう》新聞《しんぶん》を作《つく》る。

④ 昭《ショウ》　昭和《しょうわ》生《う》まれの父《ちち》。

⑤ 和《ワ》　和食《わしょく》のお店《みせ》。

⑥ 駅《エキ》　駅前《えきまえ》のお店《みせ》。

光村3年①

60

60 漢字の意味③／たん歌を楽しもう／三年とうげ①

かくれたパーツをさがせ 28

月　日　名前

かくれたパーツをさがして、かんせいさせよう。

① 皮《かわ》　毛皮《けがわ》を買《か》う。

② 皿《さら》　お皿《さら》とお茶《ちゃ》わん。

③ 短《みじか(い)》　短《みじか》い毛糸《けいと》。

④ 息《いき》　ため息《いき》が出《で》る。

⑤ 美《うつく(しい)》　美《うつく》しい花《はな》がさく。

光村3年①

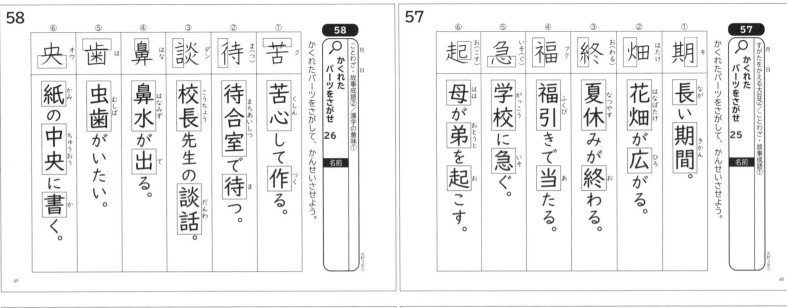

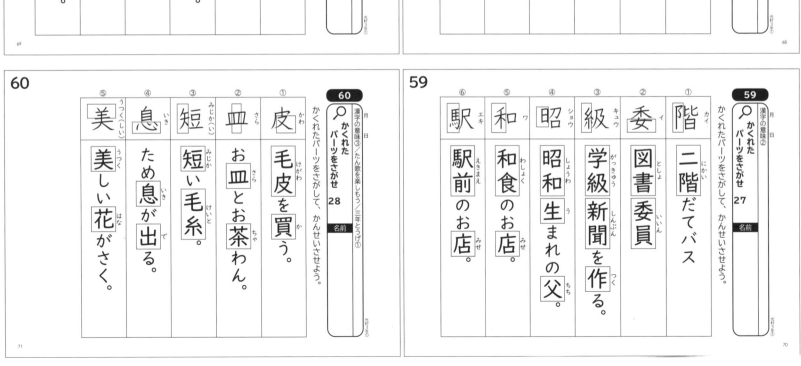

61

61

月　日

三年とうげ②

かくれたパーツをさがせ 29

名前

かくれたパーツをさがして、かんせいさせよう。

① 転《テン》
黄色《きいろ》の自転車《じてんしゃ》。

② 病《ビョウ》
病気《びょうき》で休《やす》む。

③ 医《イ》
医学《いがく》を学《まな》ぶ。

④ 飲《の(む)》
水《みず》を飲《の》む。

⑤ 重《かさ(ねる)》
本《ほん》を重《かさ》ねる。

光村3年①

62

62

月　日

三年とうげ③／わたしの町のよいところ

かくれたパーツをさがせ 30

名前

かくれたパーツをさがして、かんせいさせよう。

① 配《ハイ》
天気《てんき》を心配《しんぱい》する。

② 度《ド》
今度《こんど》の日曜日《にちようび》。

③ 幸《しあわ(せ)》
幸《しあわ》せな人生《じんせい》。

④ 流《なが(す)》
川《かわ》に流《なが》す。

⑤ 族《ゾク》
五人《ごにん》家族《かぞく》。

光村3年①

63

63　わたしと小鳥とすずと～書くことを考えるときは　月　日

かん字足し算 13

名前

かん字の足し算をしよう。

① 一＋冂＋山＝両 → 両方
② ク＋目＋八＝負 → 負ける
③ イ＋ノ＋糸＝係 → 係員
④ 口＋目＋八＝員 → 店員
⑤ 癶＋二＋小＝祭 → 祭り
⑥ 业＋兰＋木＝業 → 工業

＊答えのかん字でことばを作ろう。

光村3年②　74

64

64　漢字の組み立て①　月　日

かん字足し算 14

名前

かん字の足し算をしよう。

① 木＋厂＋又＝板 → 黒板
② 木＋丶＋王＝柱 → 電柱
③ 氵＋由＝油 → 油田
④ 氵＋龷＋八＋己＝港 → 開港
⑤ 艹＋白＋冫＋木＝薬 → 目薬
⑥ ⺮＋由＝笛 → 汽笛
⑦ 氵＋丶＋王＝注 → 注文

＊答えのかん字でことばを作ろう。

光村3年②　75

65

65　漢字の組み立て②／ローマ字　月　日

かん字足し算 15

名前

かん字の足し算をしよう。

① 亜＋心＝悪 → 悪口
② 土＋ノ＋日＝者 → 作者
③ 月＋龹＋力＝勝 → 勝者
④ 广＋車＝庫 → 車庫
⑤ 氵＋广＋又＝波 → 波間
⑥ 方＋攵＝放 → 放水
⑦ ク＋口＋儿＋力＝勉 → 勉強

＊答えのかん字でことばを作ろう。

光村3年②　76

66

66　ちいちゃんのかげおくり①　月　日

かん字足し算 16

名前

かん字の足し算をしよう。

① 木＋目＋心＝想 → 理想
② 冖＋与＋一＝写 → 書写
③ 十＋目＋一＋八＝真 → 真夏
④ 一＋夕＋刂＝列 → 列車
⑤ ノ＋皿＝血 → 出血
⑥ 日＋立＋日＝暗 → 暗記

＊答えのかん字でことばを作ろう。

光村3年②　77

67

月　日

ちいちゃんのかげおくり②

かん字足し算 17

名前

かん字の足し算をしよう。

＊答えのかん字でことばを作ろう。

① 木＋夭＋冂＋口＝橋 → 石橋
② 日＋耂＋日＝暑 → 暑い
③ 宀＋井＋八＋冫＝寒 → 寒空
④ 車＋又＋土＝軽 → 軽食
⑤ 人＋一＋口＋卩＝命 → 生命
⑥ ⺮＋弓＋亻＝第 → 第一

光村3年②

78

68

月　日

修飾語を使って書こう

かん字足し算 18

名前

かん字の足し算をしよう。

＊答えのかん字でことばを作ろう。

① 厂＋又＋辶＝返 → 返金
② 丶＋王＝主 → 主語
③ リ＋丨＋丨＝州 → 本州
④ 尸＋一＋厶＋土＝屋 → 小屋
⑤ 木＋艮＝根 → 根気
⑥ 艹＋亻＋可＝荷 → 荷車
⑦ 宀＋寸＝守 → 守る
⑧ 彳＋几＋又＝役 → 役目

光村3年②

79

69

月　日

すがたをかえるだいず

かん字足し算 19

名前

かん字の足し算をしよう。

＊答えのかん字でことばを作ろう。

① 一＋口＋䒑＝豆 → 黒豆
② 亠＋厶＋月＝育 → 体育
③ 氵＋⺌＋月＝消 → 消火
④ 耳＋又＝取 → 先取点
⑤ 其＋月＝期 → 学期
⑥ 火＋田＝畑 → 畑作
⑦ 糸＋夂＋⺀＝終 → 終点

光村3年②

80

70

月　日

ことわざ・故事成語

かん字足し算 20

名前

かん字の足し算をしよう。

＊答えのかん字でことばを作ろう。

① 礻＋一＋口＋田＝福 → 福引き
② 𠂊＋ヨ＋心＝急 → 急用
③ 走＋己＝起 → 早起き
④ 艹＋十＋口＝苦 → 苦手
⑤ 彳＋土＋寸＝待 → 待合室
⑥ 言＋火＋火＝談 → 会談

光村3年②

81

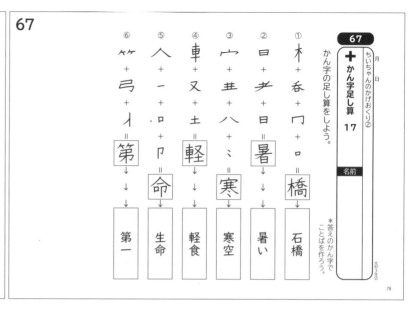

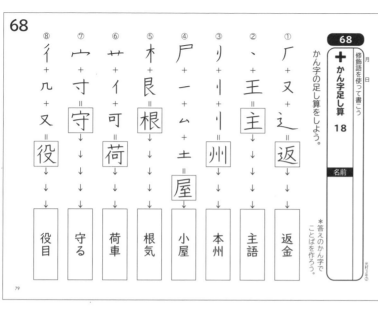

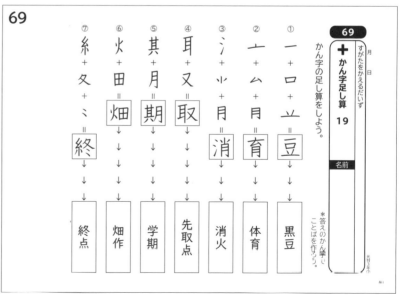

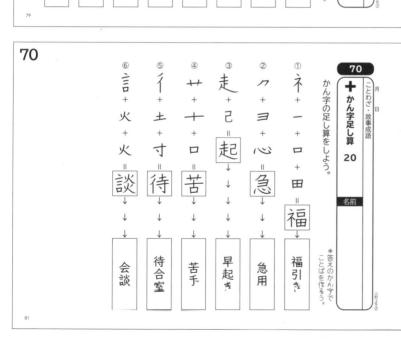

71

71 かん字足し算 21
漢字の意味①
月 日
名前

かん字の足し算をしよう。

① 自＋田＋廾＝鼻 → 鼻歌
② 止＋米＋山＝歯 → 歯車
③ 冂＋大＝央 → 中央
④ 阝＋比＋白＝階 → 音階
⑤ 禾＋女＝委 → 委員
⑥ 糸＋及＝級 → 上級生
⑦ 日＋刀＋口＝昭 → 昭和
⑧ 禾＋口＝和 → 和室

＊答えのかん字でことばを作ろう。

光村3年②

82

72

72 かん字足し算 22
漢字の意味②／たん歌を楽しもう／三年とうげ①
月 日
名前

かん字の足し算をしよう。

① 馬＋尺＝駅 → 駅前
② 广＋又＝皮 → 毛皮
③ 罒＋一＝皿 → 大皿
④ 矢＋一＋口＋丷＝短 → 短文
⑤ 自＋心＝息 → 息切れ
⑥ 丷＋王＋大＝美 → 美人
⑦ 車＋二＋ム＝転 → 回転
⑧ 疒＋冂＋人＝病 → 病人

＊答えのかん字でことばを作ろう。

光村3年②

83

73

73 かん字足し算 23
三年とうげ②／わたしの町のよいところ
月 日
名前

かん字の足し算をしよう。

① 一＋矢＋乚＝医 → 医学
② 食＋欠＝飲 → 飲食
③ 二＋日＋土＝重 → 体重
④ 酉＋己＝配 → 心配
⑤ 广＋廿＋又＝度 → 角度
⑥ 土＋丷＋干＝幸 → 幸せ
⑦ 氵＋亠＋ム＋儿＝流 → 電流
⑧ 方＋𠂉＋矢＝族 → 家族

＊答えのかん字でことばを作ろう。

光村3年②

84

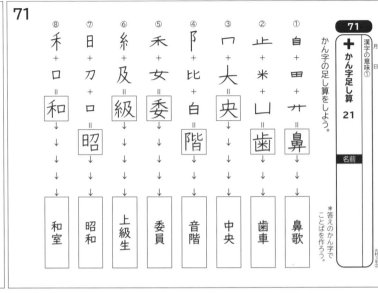

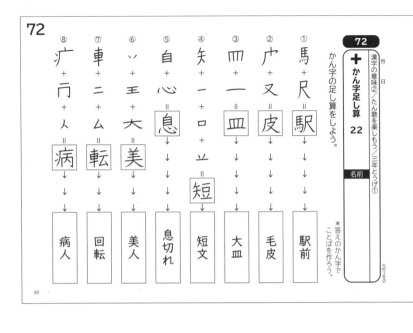

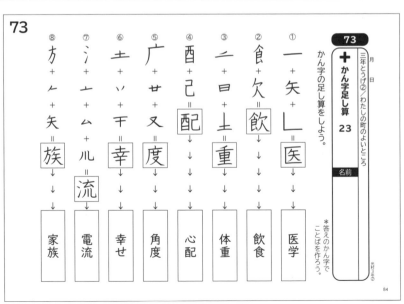

74

月　日

わたしと小鳥とすずと～漢字の組み立て①

足りないのはどこ（形をよく見て）9

名前

足りないところを見つけて、正しく書こう。

① 帀《りょう》万《ほう》 → **両方**
② 負《ま》ける → **負ける**
③ 係《かかり》員《いん》 → **係員**
④ 店《てん》員《いん》 → **店員**
⑤ 祭《まつ》り → **祭り**
⑥ 二《こう》業《ぎょう》 → **工業**
⑦ 黒《こく》权《ばん》 → **黒板**
⑧ 電《でん》枉《ちゅう》 → **電柱**
⑨ 汨《ゆ》日《でん》 → **油田**
⑩ 開《かい》洪《こう》 → **開港**

75

月　日

漢字の組み立て②／ローマ字

足りないのはどこ（形をよく見て）10

名前

足りないところを見つけて、正しく書こう。

① 口《め》菓《ぐすり》 → **目薬**
② 汽《き》笛《てき》 → **汽笛**
③ 注《ちゅう》又《もん》 → **注文**
④ 悪《わる》ロ《ぐち》 → **悪口**
⑤ 作《さく》者《しゃ》 → **作者**
⑥ 勝《しょう》者《しゃ》 → **勝者**
⑦ 車《しゃ》車《こ》 → **車庫**
⑧ 波《なみ》間《ま》 → **波間**
⑨ 攵《ほう》水《すい》 → **放水**
⑩ 勉《べん》強《きょう》 → **勉強**

76

月　日

ちいちゃんのかげおくり

足りないのはどこ（形をよく見て）11

名前

足りないところを見つけて、正しく書こう。

① 埋《り》想《そう》 → **理想**
② 書《しょ》写《しゃ》 → **書写**
③ 真《ま》夏《なつ》 → **真夏**
④ 列《れっ》車《しゃ》 → **列車**
⑤ 出《しゅっ》白《けつ》 → **出血**
⑥ 暗《あん》記《き》 → **暗記**
⑦ 口《いし》橋《ばし》 → **石橋**
⑧ 暑《あつ》い → **暑い**
⑨ 寒《さむ》空《ぞら》 → **寒空**
⑩ 軽《けい》食《しょく》 → **軽食**
⑪ 主《せい》合《めい》 → **生命**
⑫ 第《だい》一《いち》 → **第一**

77

月　日

修飾ごを使って書こう／すがたをかえるだいず①

足りないのはどこ（形をよく見て）12

名前

足りないところを見つけて、正しく書こう。

① 近《へん》全《きん》 → **返金**
② 三《しゅ》語《ご》 → **主語**
③ 木《ほん》川《しゅう》 → **本州**
④ ハ《こ》屋《や》 → **小屋**
⑤ 根《こん》気《き》 → **根気**
⑥ 何《に》車《ぐるま》 → **荷車**
⑦ 守《まも》る → **守る**
⑧ 役《やく》口《め》 → **役目**
⑨ 黒《くろ》豆《まめ》 → **黒豆**
⑩ 休《たい》肓《いく》 → **体育**
⑪ 消《しょう》人《か》 → **消火**
⑫ 先《せん》取《しゅ》点《てん》 → **先取点**

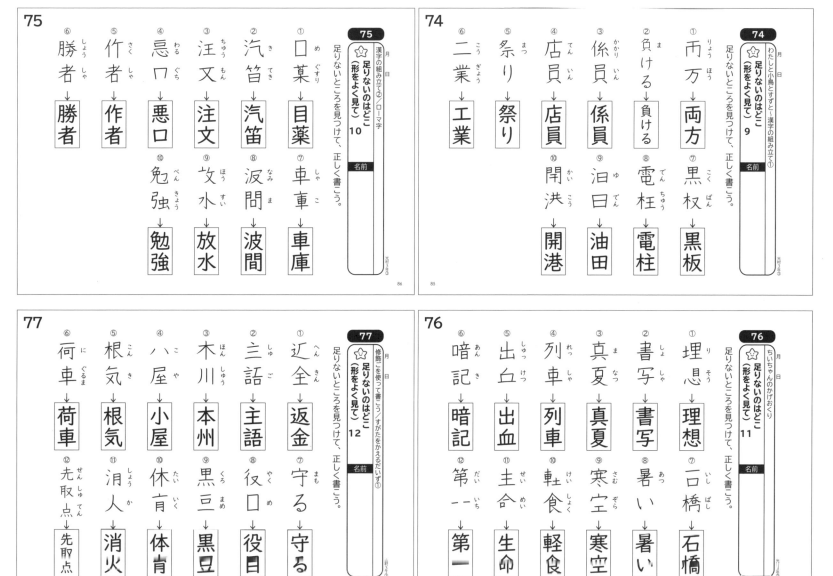

78

78 月 日

すがたをかえる大豆②／ことわざ・故事成語

足りないのはどこ（形をよく見て）13

名前

足りないところを見つけて、正しく書こう。

① 学《がっ》期《き》 → 学期
② 畑《はた》作《さく》 → 畑作
③ 終《しゅう》点《てん》 → 終点
④ 福《ふく》引《び》き → 福引き
⑤ 急《きゅう》用《よう》 → 急用
⑥ 早《はや》起《お》き → 早起き
⑦ 苦《にが》手《て》 → 苦手
⑧ 待《まち》合《あい》室《しつ》 → 待合室
⑨ 会《かい》談《だん》 → 会談

光村3年①

89

79

79 月 日

漢字の意味／たんかを楽しもう

足りないのはどこ（形をよく見て）14

名前

足りないところを見つけて、正しく書こう。

① 鼻《はな》歌《うた》 → 鼻歌
② 歯《は》車《ぐるま》 → 歯車
③ 中《ちゅう》央《おう》 → 中央
④ 音《おん》階《かい》 → 音階
⑤ 委《い》員《いん》 → 委員
⑥ 上級生《じょうきゅうせい》 → 上級生
⑦ 昭《しょう》和《わ》 → 昭和
⑧ 和《わ》室《しつ》 → 和室
⑨ 駅《えき》前《まえ》 → 駅前
⑩ 毛《け》皮《がわ》 → 毛皮
⑪ 大《おお》皿《ざら》 → 大皿
⑫ 短《たん》文《ぶん》 → 短文

光村3年①

90

80

80 月 日

三年とうげ／わたしの町のよいところ

足りないのはどこ（形をよく見て）15

名前

足りないところを見つけて、正しく書こう。

① 息《いき》切《ぎ》れ → 息切れ
② 美《び》人《じん》 → 美人
③ 回《かい》転《てん》 → 回転
④ 病《びょう》人《にん》 → 病人
⑤ 医《い》学《がく》 → 医学
⑥ 飲《いん》食《しょく》 → 飲食
⑦ 体《たい》重《じゅう》 → 体重
⑧ 心《しん》配《ぱい》 → 心配
⑨ 角《かく》度《ど》 → 角度
⑩ 幸《しあわ》せ → 幸せ
⑪ 電《でん》流《りゅう》 → 電流
⑫ 家《か》族《ぞく》 → 家族

光村3年①

91

2学期の答え 81〜84

81

月 日

わたしと小鳥とすずと～書くことを考えるときは

かん字を入れよう 13

名前

文を読んで、ぴったりのかん字を入れよう。

①父と母のことを、両親という。

②一点さで負けて、とてもくやしい。

③本がすきなので、図書係になりたい。

④あのレストランの店員は、とても親切だ。

⑤今日は秋祭りで、おみこしが出る。

⑥ロボットが、組み立ての作業をする。

ヒント 係 両 祭 員 負 業

光村3年④

82

月 日

漢字の組み立て①

かん字を入れよう 14

名前

文を読んで、ぴったりのかん字を入れよう。

①先生が、チョークで、黒板に字を書く。

②車が電柱にぶつかって、止まった。

③天ぷらは、油であげて作る。

④大きな外国の船が、港に入ってきた。

⑤目が赤いので、目薬をさした。

⑥遠くから、口笛をふく音が聞こえる。

⑦こぼさないように、コップに水を注ぐ。

ヒント 注 柱 薬 板 港 笛 油

光村3年④

83

月 日

漢字の組み立て②／ローマ字

かん字を入れよう 15

名前

文を読んで、ぴったりのかん字を入れよう。

①今日は、天気が悪くて、雨がふりそうだ。

②あの子は、クラスの人気者です。

③サッカーのしあいで、一点さで勝った。

④父が車を、バックで車庫に入れた。

⑤サーフィンをして、大きな波にのっている。

⑥ポンプ車が、いきおいよく水を放水する。

⑦四年生になると、勉強がむずかしくなる。

ヒント 勝 者 波 放 勉 悪 庫

光村3年④

84

月 日

ちいちゃんのかげおくり①

かん字を入れよう 16

名前

文を読んで、ぴったりのかん字を入れよう。

①みらいの世界を、空想して、絵をかく。

②お手本を、ていねいに写しましょう。

③となりの家には、真っ白い犬がいる。

④ありの行列が、遠くまでつづいている。

⑤ころんで、足にけがをして、血が出た。

⑥夕やけ空がだんだん暗くなりました。

ヒント 列 暗 真 血 写 想

光村3年④

85

かん字を入れよう 17
ちいちゃんのかげおくり②
月　日　名前

文を読んで、ぴったりのかん字を入れよう。

① 川には、古いつり橋がかかっている。
② 今年の夏は、とても暑くなりそうだ。
③ 北国の冬の朝は、とても寒い。
④ ランドセルが空っぽで、とても軽い。
⑤ 今日、新しい命が生まれました。
⑥ 新しい第一歩を、ふみ出しました。

ヒント　暑　第　橋　寒　軽　命

光村3年④

96

86

かん字を入れよう 18
修飾語を使って書こう
月　日　名前

文を読んで、ぴったりのかん字を入れよう。

① 友だちに、かりたおもちゃを返した。
② このお話の主人公は、男の人です。
③ たい風は、九州地方に、よく上りくする。
④ 強い風のせいで、犬小屋がこわれてしまった。
⑤ おので、木を根元から切りたおす。
⑥ 家ぞくで、引っこしの荷づくりをする。
⑦ かならず、やくそくを守ってください。
⑧ おてつだいをして、母の役に立つ。

ヒント　荷　返　州　守　役　根　主　屋

光村3年④

97

87

かん字を入れよう 19
すがたをかえるだいず
月　日　名前

文を読んで、ぴったりのかん字を入れよう。

① 「おには外、ふくは内。」と、豆まきをする。
② 家で、かわいい子犬を育てている。
③ いきなりあかりが消えて、びっくりした。
④ かばんから、本を取り出して見せた。
⑤ 二学期には、秋の運動会がある。
⑥ 野さいを植えるために、畑をたがやす。
⑦ 一週間かかって、本を読み終えた。

ヒント　期　取　豆　終　育　消　畑

光村3年④

98

88

かん字を入れよう 20
ことわざ・故事成語
月　日　名前

文を読んで、ぴったりのかん字を入れよう。

① 「おには外、福は内。」と、豆まきをする。
② おくれそうなので、急いで学校に行く。
③ 今日は遠足なので、早起きをした。
④ いっしょうけんめい走って、いきが苦しい。
⑤ 校門の前で、友だちと待ち合わせする。
⑥ こまっていることを、先生に相談する。

ヒント　苦　談　起　急　待　福

光村3年④

99

89

89
かん字を入れよう 21
漢字の意味①
月 日
名前

文を読んで、ぴったりのかん字を入れよう。

①顔のまん中には、鼻がある。
②夜、ねる前に、歯みがきをする。
③ステージのちょうど中央に立つ。
④家の二階のまどから、外を見る。
⑤お兄さんは、ほうそう委員をしている。
⑥クラスのみんなで、学級新聞を作った。
⑦ぼくは、平せいで、父は昭わの生まれだ。
⑧外国でも、日本の和食が人気だ。

ヒント 央 鼻 歯 昭 和 委 級 階

光村3年④

100

90

90
かん字を入れよう 22
漢字の意味②／たん歌を楽しもう／三年とうげ①
月 日
名前

文を読んで、ぴったりのかん字を入れよう。

①八時ちょうどに、電車が駅を出発しました。
②ほうちょうで、りんごの皮をむく。
③夕食の後、かたづけの皿あらいをした。
④何回もえんぴつをけずると、短くなった。
⑤ため息が出るほど、よいながめでした。
⑥公園に、さくらの花が、美しくさいている。
⑦近くの公園まで、自転車で行った。
⑧これから、病気の友だちのお見まいに行く。

ヒント 転 皿 息 皮 美 病 駅 短

光村3年④

101

91

91
かん字を入れよう 23
三年とうげ②／わたしの町のよいところ
月 日
名前

文を読んで、ぴったりのかん字を入れよう。

①ねつがあるので、お医者さんにみてもらう。
②のどがかわいたら、水を飲みましょう。
③本がいっぱい入っていて、かばんが重い。
④遠足のしおりが、みんなに配られた。
⑤とても寒いので、温度計を見た。
⑥それから、二人は幸せにくらしました。
⑦川に落としたぼうしが、流れていった。
⑧ぼくの家は、五人家族です。

ヒント 飲 医 度 族 幸 重 流 配

光村3年④

102

92

月　日
カンジーはかせの音訓かるた①
かくれたパーツをさがせ 31
名前

かくれたパーツをさがして、かんせいさせよう。

① 帳　チョウ
父《ちち》の黒《くろ》い手帳《てちょう》。

② 代　か(える)
せん手《しゅ》を代《か》える。

③ 曲　キョク
曲線《きょくせん》をえがく。

④ 投　な(げる)
雪《ゆき》の玉《たま》を投《な》げる。

⑤ 炭　タン
黒《くろ》い石炭《せきたん》。

⑥ 羊　ヨウ・ひつじ
羊《ひつじ》の毛《け》は羊毛《ようもう》。

光村3年①

93

月　日
カンジーはかせの音訓かるた②
かくれたパーツをさがせ 32
名前

かくれたパーツをさがして、かんせいさせよう。

① 宿　やど(る)
雨宿《あまやど》りをする。

② 丁　チョウ
五丁目《ごちょうめ》の市場《いちば》。

③ 宮　みや
お宮《みや》さんに行《い》く。

④ 院　イン
けがで入院《にゅういん》する。

⑤ 礼　レイ
月曜日《げつようび》の朝礼《ちょうれい》。

⑥ 等　ひと(しい)
長《なが》さが等《ひと》しい。

94

月　日
カンジーはかせの音訓かるた③／ありの行列
かくれたパーツをさがせ 33
名前

かくれたパーツをさがして、かんせいさせよう。

① 反　そ(る)
弓《ゆみ》のように反《そ》る。

② 君　きみ
君《きみ》は親友《しんゆう》だ。

③ 乗　の(る)
電車《でんしゃ》に乗《の》る。

④ 庭　テイ
校庭《こうてい》の草花《くさばな》。

⑤ 研　ケン
理科《りか》の研究《けんきゅう》。

⑥ 究　キュウ
虫《むし》の研究《けんきゅう》。

光村3年①

95

月　日
つたわる言葉で表そう／たからじまのぼうけん／モチモチの木①
かくれたパーツをさがせ 34
名前

かくれたパーツをさがして、かんせいさせよう。

① 打　う(つ)
打《う》ち上《あ》げ花火《はなび》。

② 受　う(ける)
雪《ゆき》を手《て》で受《う》ける。

③ 島　しま
たから島《じま》の地図《ちず》。

④ 追　お(う)
にげた人《ひと》を追《お》う。

⑤ 実　み
草《くさ》の実《み》。

光村3年①

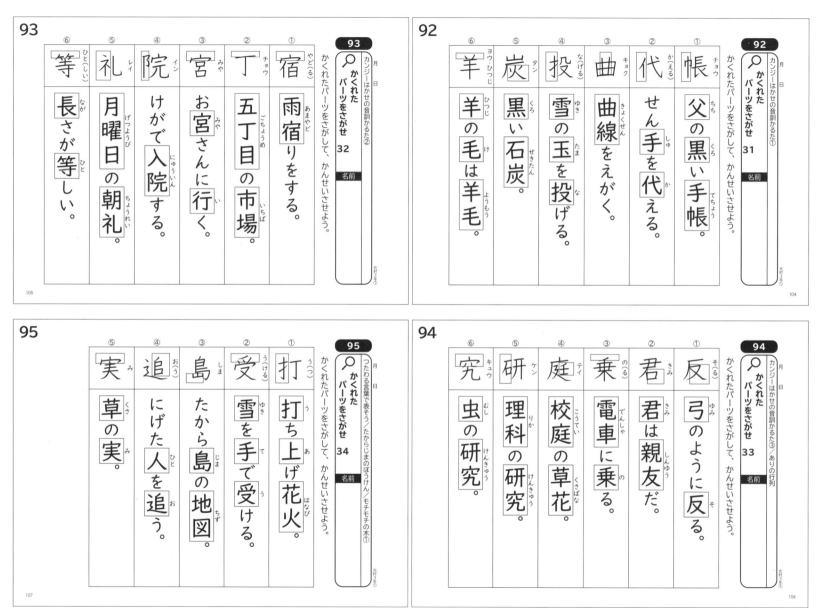

3学期の答え

96

96

モチモチの木②　月　日

かくれたパーツをさがせ 35

名前

かくれたパーツをさがして、かんせいさせよう。

① 神《シン》
神話《しんわ》を聞《き》く。

② 箱《はこ》
箱《はこ》に絵《え》を入《い》れる。

③ 湯《ゆ》
水《みず》をお湯《ゆ》にする。

④ 他《ほか》
他《ほか》の人《ひと》の考《かんが》え。

⑤ 身《シン》
身長《しんちょう》をはかる。

光村3年①

108

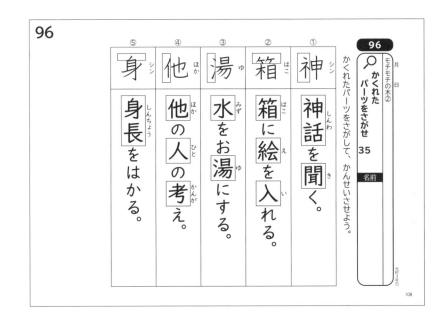

97

97 かん字足し算 24

カンジーはかせの音訓かるた①

月　日　名前

かん字の足し算をしよう。

*答えのかん字でことばを作ろう。

① 巾＋ヨ＋㇙＝帳 → 日記帳
② 亻＋弋＝代 → 時代
③ 冂＋一＋一＝曲 → 曲線
④ 扌＋几＋又＝投 → 投書
⑤ 山＋厂＋火＝炭 → 炭火
⑥ 丷＋三＋丨＝羊 → 子羊
⑦ 宀＋亻＋百＝宿 → 宿題
⑧ 一＋亅＝丁 → 三丁目

光村3年②

98

98 かん字足し算 25

カンジーはかせの音訓かるた②

月　日　名前

かん字の足し算をしよう。

*答えのかん字でことばを作ろう。

① 宀＋口＋丿＋口＝宮 → 王宮
② 阝＋宀＋元＝院 → 病院
③ 礻＋乚＝礼 → 朝礼
④ ⺮＋土＋寸＝等 → 等分
⑤ 厂＋又＝反 → 反発
⑥ ヨ＋丿＋口＝君 → 君たち
⑦ 丿＋卄＋木＝乗 → 乗車

光村3年②

99

99 かん字足し算 26

ありの行列／つたわる言葉で表そう／たからじまのぼうけん

月　日　名前

かん字の足し算をしよう。

*答えのかん字でことばを作ろう。

① 广＋壬＋廴＝庭 → 校庭
② 石＋开＝研 → 研究
③ 宀＋八＋九＝究 → 究めい
④ 扌＋丁＝打 → 強打
⑤ 爫＋冖＋又＝受 → 受話き
⑥ 自＋フ＋山＝島 → 半島

光村3年②

100

100 かん字足し算 27

モチモチの木

月　日　名前

かん字の足し算をしよう。

*答えのかん字でことばを作ろう。

① 𠂤＋辶＝追 → 追い風
② 宀＋三＋人＝実 → 実る
③ 礻＋日＋丨＝神 → 神様
④ ⺮＋木＋目＝箱 → 木箱
⑤ 氵＋日＋勿＝湯 → 湯気
⑥ 亻＋也＝他 → 他人
⑦ 丿＋月＋丿＝身 → 中身

光村3年②

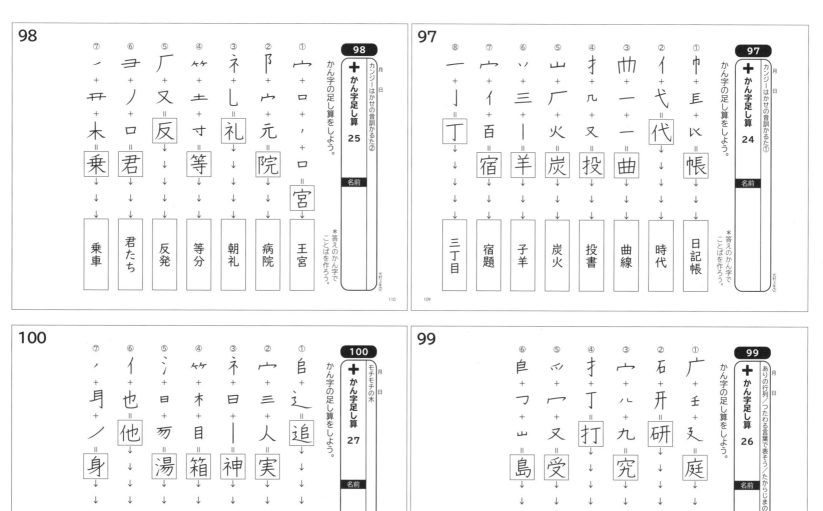

3学期の答え

101～103

101

101 月　日
カンジーはかせの音訓かるた①
足りないのはどこ（形をよく見て）16
名前

足りないところを見つけて、正しく書こう。

① 口《にっ》記《き》帳《ちょう》 → 日記帳
② 時《じ》代《だい》 → 時代
③ 曰《きょく》線《せん》 → 曲線
④ 投《とう》書《しょ》 → 投書
⑤ 炭《すみ》人《び》 → 炭火
⑥ 子《こ》羊《ひつじ》 → 子羊
⑦ 宿《しゅく》題《だい》 → 宿題
⑧ 二《さん》丁《ちょう》口《め》 → 三丁目
⑨ 工《おう》宮《きゅう》 → 王宮
⑩ 病《びょう》院《いん》 → 病院
⑪ 朝《ちょう》礼《れい》 → 朝礼
⑫ 等《とう》分《ぶん》 → 等分

光村3年③

102

102 月　日
カンジーはかせの音訓かるた②／ありの行列
足りないのはどこ（形をよく見て）17
名前

足りないところを見つけて、正しく書こう。

① 反《はん》発《ぱつ》 → 反発
② 君《きみ》たち → 君たち
③ 乗《じょう》車《しゃ》 → 乗車
④ 校《こう》庭《てい》 → 校庭
⑤ 研《けん》究《きゅう》 → 研究
⑥ 究《きゅう》めい → 究めい

光村3年③

103

103 月　日
つたわる言葉で表そう／たからじまのぼうけん／モチモチの木
足りないのはどこ（形をよく見て）18
名前

足りないところを見つけて、正しく書こう。

① 強《きょう》打《だ》 → 強打
② 受《じゅ》話《わ》き → 受話き
③ 半《はん》島《とう》 → 半島
④ 追《お》い風《かぜ》 → 追い風
⑤ 実《みの》る → 実る
⑥ 神《かみ》様《さま》 → 神様
⑦ 木《き》箱《ばこ》 → 木箱
⑧ 湯《ゆ》気《げ》 → 湯気
⑨ 他《た》人《にん》 → 他人
⑩ 中《なか》身《み》 → 中身

光村3年③

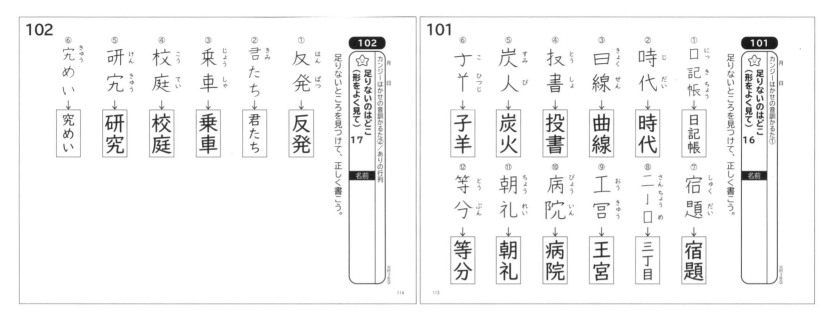

104

104 月 日
カンジーはかせの音訓かるた①
かん字を入れよう 24
名前
光村3年④

文を読んで、ぴったりのかん字を入れよう。

①お父さんは、黒い手帳に日記を書いている。
②父から、子ども時代の話を聞いた。
③道が曲がっているので、ハンドルを切った。
④右手で、ドッジボールを、思い切り投げる。
⑤バーベキューをして、炭火で肉をやく。
⑥この毛糸は、羊の毛から作られている。
⑦かさがないので、のき下で雨宿りをする。
⑧ぼくの家は、二丁目にあります。

ヒント　曲　丁　帳　羊　投　炭　宿　代

105

105 月 日
カンジーはかせの音訓かるた②
かん字を入れよう 25
名前
光村3年④

文を読んで、ぴったりのかん字を入れよう。

①赤ちゃんが、お宮まいりに来ている。
②父がけがをして、入院することになった。
③「ありがとう」と、心をこめてお礼を言った。
④スーパーのくじ引きで、一等が当たった。
⑤体そうで、体を後ろに反らす。
⑥ぼくが終わって、次は君の番です。
⑦父と自転車に乗って、サイクリングをした。

ヒント　君　等　院　礼　乗　反　宮

106

106 月 日
ありの行列／つたわる言葉で表そう／たからじまのぼうけん
かん字を入れよう 26
名前
光村3年④

文を読んで、ぴったりのかん字を入れよう。

①家の庭に、チューリップがさいた。
②お父さんは、地しんの研きゅうをしている。
③この大学では、こん虫のけん究をしている。
④バットで、思い切りボールを打った。
⑤父の投げたボールを、グローブで受けた。
⑥とうとう、たから島の地図を手に入れた。

ヒント　受　打　庭　究　島　研

107

107 月 日
モチモチの木
かん字を入れよう 27
名前
光村3年④

文を読んで、ぴったりのかん字を入れよう。

①犬が追いかけてきたので、走ってにげた。
②秋になると、木の実がたくさんなる。
③お正月は、近くの神社に、はつもうでに行く。
④ダンボールの箱に、本をつめる。
⑤やかんでお湯をわかして、お茶を入れる。
⑥では、他の人の考えも聞いてみましょう。
⑦ほけん室で、身長と体重をはかった。

ヒント　実　身　箱　湯　追　神　他

【監修者】

竹田　契一（たけだ　けいいち）

大阪医科薬科大学LDセンター顧問，大阪教育大学名誉教授

【著者】

村井　敏宏（むらい　としひろ）

青丹学園発達・教育支援センター フラーテルL.C.,
S.E.N.S（特別支援教育士）スーパーバイザー，言語聴覚士，
日本LD学会会員，日本INREAL研究会事務局

中尾　和人（なかお　かずひと）

小学校教諭，S.E.N.S（特別支援教育士），公認心理師，
精神保健福祉士，日本LD学会会員

【イラスト】　木村美穂
【表紙デザイン】　㈲ケイデザイン

通常の学級でやさしい学び支援
改訂　読み書きが苦手な子どもへの
＜漢字＞支援ワーク　光村図書3年

2024年8月初版第1刷刊	監修者	竹　田　契　一
2025年7月初版第2刷刊	©著　者	村　井　敏　宏
		中　尾　和　人
	発行者	藤　原　光　政

発行所　明治図書出版株式会社

http://www.meijitosho.co.jp

（企画・校正）西野千春

〒114-0023　東京都北区滝野川7-46-1
振替00160-5-151318　電話03（5907）6640
ご注文窓口　電話03（5907）6668

＊検印省略　　　　組版所　株式会社明昌堂

本書の無断コピーは，著作権・出版権にふれます。ご注意ください。
教材部分は，学校の授業過程での使用に限り，複製することができます。

Printed in Japan　　　ISBN978-4-18-889323-4

もれなく，クーポンがもらえる！読者アンケートはこちらから　→

読み書きが苦手な子どもたちへ。

「ひらがなトレーニング」は、村井敏宏先生の長年にわたる、小学校ことばの教室での実践研究をベースにした教材プログラムです。このアプリが一味違うのは「子どもの言語発達」の流れに沿った難易度であり、しかも実証されたデータにも基づくわかりやすく、使いやすい教材だからです。

落ち着きがない、先生の話を聞くのが苦手、授業に集中できないなどの子どもたちでも、実際このアプリを使うと、最後まで楽しく、集中して取り組めていました。

子どもたちのヤル気を促し、教育効果の上がるゲーム感覚のアプリは今までになかったものです。多くの方々に使っていただけたら幸いです。

大阪教育大学名誉教授　竹田契一

累計十万部の超ベストセラー

『通常の学級でやさしい学び支援』

◎シリーズ初のアプリ好評配信中

明治図書　お問い合わせ先：明治図書出版メディア事業課

〒114-0023　東京都北区滝野川 7-46-1

http://meijitosho.co.jp/app/kanatore/

e-mail: digital@meijitosho.co.jp